CB064624

*O menino que
comia foie gras*

HUDSON CARVALHO

O menino que comia foie gras

Crônicas do gourmand
Pedro Henriques

TOPBOOKS

Copyright © 2018 Hudson Carvalho

EDITOR
José Mario Pereira

EDITORA ASSISTENTE
Christine Ajuz

REVISÃO
Cristina Pereira

PRODUÇÃO
Mariângela Felix

CAPA E ILUSTRAÇÃO
Miriam Lerner | Equatorium

DIAGRAMAÇÃO
Arte das Letras

CIP-BRASIL. CATALOGAÇÃO NA FONTE.
SINDICATO NACIONAL DOS EDITORES DE LIVROS, RJ.

C325m

    Carvalho, Hudson
       O menino que comia foie gras: crônicas do gourmand Pedro Henriques / Hudson Carvalho. – 1ª ed. – Rio de Janeiro: Topbooks, 2018.
    170 p.; 21 cm.

    ISBN 9788574752747

    1. Crônica brasileira. I. Título.

18-49199	CDD: 869.8
	CDU: 821.134.3(81)-8

TODOS OS DIREITOS RESERVADOS POR
Topbooks Editora e Distribuidora de Livros Ltda.
Rua Visconde de Inhaúma, 58 / gr. 203 – Centro
Rio de Janeiro – CEP: 20091-007
Telefax: (21) 2233-8718 e 2283-1039
topbooks@topbooks.com.br/www.topbooks.com.br
Estamos também no Facebook e no Instagram

Sumário

Prefácio – Come-se o texto 11
Introdução 17
Em tempos de espetacularização 23
O *Michelin* e o novo Waterloo 27
O Antiquarius não é o mesmo 32
Come-se mal em qualquer lugar 37
Devemos muito aos italianos 42
São Paulo além da priprioca 47
Comida peruana é sobrestimada 52
No Leblon, falta cozinha rara 57
Olympe é ouro na Olimpíada 62
O esplendor do menu degustação 67
Caçar Pokémons na Argentina 72
Mesa francesa perde o glamour 77
Prêmio aviva culinária do Rio 82
O encanto da mesa de hotel 87
Os pratos de nossas vidas 92
Nossa dívida a Claude Troisgros 97
A arte inspira boas refeições 102
Quando os restaurantes viram franquias 107

Tsuyoshi Murakami, *arigatou gozaimasu*...............110
Antônio Salustiano e Jim Jarmusch....................113
Roqueiros, truta do ártico e "Insensatez" 116
Restaurantes consagrados também decepcionam...119
O lagostim impudico de Alain Senderens 122
Tô frito!, Boni e a lição de Alex Atala....................125
Bok choy, atemoia e os feitiços do Lasai..............128
Avançamos, mas estamos longe dos maiorais 131
Fetiche, dragões e menus degustação..................134
As massas simples são as melhores......................137
Fernanda Montenegro e queijos espiritualizam 140
Do Miako aos izakayas, a saga japonesa..............143
Boas casas a preços acessíveis são raras...............146
Restaurantes que fizeram história na cidade........149
A mutação de Artagão de chef em *restaurateur*.....152
Os reais pecados da carne....................................155
Massas, Rafael e Nero em Roma 158
Desejos simples para 2018...................................161
O menino que comia foie gras.............................164

A Joe Levinson

Come-se o texto

Antonio Cicero

Tornei-me leitor assíduo e admirador do crítico gastronômico Pedro Henriques desde que li seus primeiros artigos, inicialmente mensais, no "Caderno Gourmet" do jornal *O Globo*. Há muita coisa impressionante nos seus textos. Desde logo, a desenvoltura de seu estilo e a precisão de seu vocabulário no que diz respeito a comes e bebes são animadores, pois manifestam a segurança com que desempenha seu metiê.

Aliás, logo no primeiro artigo, observei que Pedro Henriques não hesitava em comentar coisas que são normalmente ignoradas ou, pelo menos, omitidas, quando se fala da culinária brasileira. Refiro-me, por exemplo, à sua observação de que, no Brasil, certas matérias-primas alimentícias não estão à altura das que se encontram em algumas outras partes do mundo. É assim que ele chama atenção para algo que eu já havia percebido, porém jamais dissera ou ouvira alguém dizer, isto é, que a vitela e o pato brasileiros não se comparam com os que se servem em diversas regiões da Europa.

Impressionou-me também seu notável conhecimento da história dos mais tradicionais restaurantes cariocas. Mesmo ao revelar e/ou criticar algumas de suas deficiências presentes, Pedro Henriques não deixa de se referir às glórias passadas e/ou aos méritos remanescentes dos grandes nomes da culinária do Rio de Janeiro. E a verdade é que também o conhecimento da história dos estabelecimentos do passado nos ajuda a melhor situar os do presente. Isso se liga, aliás, a outro mérito do livro, que é o de, sem cerimônia, desmistificar modismos e ondas gastronômicos inconsistentes.

Outra coisa admirável é o cosmopolitismo da cultura opsofágica de Pedro Henriques. É extremamente pertinente a sua observação, em artigo de janeiro de 2016, de que não podia ser efeito senão do ressentimento inglês com "a secular proeminência da culinária francesa" o fato de que a então mais recente edição da prestigiosa revista britânica *Restaurant* não houvesse incluído um único restaurante francês em sua lista dos dez melhores do mundo.

Ora, tal omissão é absolutamente inaceitável para quem, como ele, conheceu jantares como o que o deslumbrou no Plaza Athénée, em que "a comezaina foi prefaciada por lagostins e caviar ossetra, mancomunados com Billecart-Salmon Brut Rosé. De prato principal, tian de cordeiro à la parisiense, acompanhado de Château Montrose de beberagem, seguido de seleção de queijos. Na sobremesa, o famoso babá ao rum (Matusalem, o adotado), com Château Suduiraut, ouro líquido de Sauternes. Para arrematar o enlevo, o armanhaque Casterède".

Lendo-se tais descrições, entende-se o título desta minha introdução, "Come-se o texto". Assim é também quando se lê, por exemplo, que "no Fasano Al Mare, come-se uma das melhores entradas da cidade: a stracciatella de burrata, com atum cru, limão siciliano e figos caramelizados. O arranjo improvável transforma-se em magia pela propriedade dos insumos, com o toque sutil do limão sobre o peixe e com a correta caramelização da fruta. Essa stracciatella é uma obra de arte, que nos transporta para estados nirvânicos. É quase como saborear *Moça com brinco de pérola*, de Vermeer".

Pois bem, até abril de 2017, Pedro Henriques escreveu, como eu já disse, para o "Caderno Gourmet" de *O Globo*. A partir de maio do mesmo ano, porém, quando, em consequência de mudanças no projeto gráfico e editorial do jornal, deixou de existir o "Caderno Gourmet", a coluna de Pedro Henriques passou a ser publicada como uma seção da Revista *Ela*. Foi somente nesse momento que, para minha enorme surpresa, meu amigo Hudson Carvalho revelou-me que Pedro Henriques era seu pseudônimo.

A surpresa se deveu, em primeiro lugar, ao fato de que Hudson, com quem eu me encontrava frequentemente, houvesse conseguido manter esse segredo por quase um ano e meio. Em segundo lugar, embora eu soubesse que Hudson era jornalista, nunca havia lido nenhum artigo dele que tivesse coisa alguma a ver com gastronomia.

Por outro lado, entendi perfeitamente como se desenvolveu a grande competência de Hudson na sua nova área de atuação. Havia várias décadas que já éramos amigos, e uma das muitas coisas que tínhamos em comum era sermos apreciadores de bons vinhos. Embora fosse difícil, no Brasil das décadas de 1970 e 1980, encontrarem-se, a preços acessíveis para nós, vinhos de qualidade realmente superior – pelos quais tínhamos enorme curiosidade – um acaso nos ajudou a superar, ao menos em parte, essa dificuldade. É que, à época, uma amiga comum tinha um pai que viajava ao exterior rotineiramente, por razões profissionais. Por sugestão dela, conseguíamos encomendar a ele, eventualmente, uma garrafa de um Premier Cru de Bordeaux ou de um Grand Cru da Borgonha. Para nós, eram gloriosas as noites em que os saboreávamos.

Pois bem, por volta da virada do milênio, o real andava relativamente supervalorizado. Hudson sugeriu que aproveitássemos esse fato para fazermos um tour pelas vinícolas de Bordeaux. Como, nessa época, minha irmã e parceira, a cantora Marina, havia acabado de gravar um disco com várias canções cujas letras eram de minha autoria, uma editora me oferecera um adiantamento considerável para que eu as editasse nela. Aceitei a proposta e parti com Hudson para a inesquecível viagem que ele descreve com maravilhosa precisão no artigo "O lagostim impudico de Alain Senderens".

Esse não foi o único tour gastronômico empreendido por Hudson. Sei que, acompanhado, sobretudo, pelo seu filho, Joe, "o menino que comia foie gras", que é um rapaz extremamente inteligente e sensível, Hudson já fez várias excursões desse tipo por outras partes do mundo. É assim que se forma um grande gourmet.

De todo modo, o fato é que *O menino que comia foie gras* é não apenas um livro de leitura prazerosa, ou melhor, um livro saborosíssimo, mas uma obra que nos ensina muito sobre a arte e a prática da gastronomia no mundo de hoje.

Introdução

Não seria diferente. Sem vocações e convicções, o acaso rege o meu destino.

Há cerca de dois anos e meio, encontrei-me, imprevistamente, com o jornalista Ascânio Seleme – então, diretor de redação de *O Globo* –, e trocamos breves palavras cordatas e convencionais. Burocraticamente e sem interesse específico, ele perguntou-me se eu não sentia falta do ambiente de redação, que me fora familiar em épocas pretéritas. Brincando, disse-lhe que a única coisa que me excitaria seria escrever sobre gastronomia – coisa que nunca fizera – e, assim mesmo, preservado por um *fake name*, para me proteger da forra de eventuais chefs contrariados e por ser mais concernente à minha natureza reservada. Pilheriando e descrente, Ascânio instigou-me a redigir uns dois ou três textos sobre o tema e enviar para ele. Fiz dois, que foram os primeiros dos trinta e três publicados em *O*

Globo, de dezembro de 2015 a dezembro de 2017 – dezessete no extinto "Caderno Gourmet" e dezesseis na revista *Ela* –, sob a assinatura de Pedro Henriques.

A escolha do pseudônimo balizou-se na ideia de que fosse um nome comum, que retratasse um tipo real e próximo, e não uma criatura, notoriamente, caricatural. Pedro é um nome popular e forte. E Henriques trazia a dubiedade de ser sobrenome ou apêndice de nome composto, o que convinha para quem se pretendia esconso. No mais, Henriques é um sobrenome paterno que não carrego na certidão de nascimento, e que "compensaria" o edipiano Carvalho materno que assumi como parte do meu RG profissional. O primeiro artigo, no entanto, veio à luz, em 5 de dezembro de 2015, subscrito, inadequadamente, por "Paulo" Henriques, por um equívoco na comunicação interna do jornal. Fato consumado, sugeri a Ascânio que assumíssemos a propriedade do outro santo, mas fui convencido por ele a perseverar com Pedro.

Por um ano e meio, eu e Ascânio acobertamos de todos a verdadeira identidade de Pedro Henriques. Ele, internamente, no jornal; eu, nos meus âmbitos familiares e sociais. Posteriormente, por questões operacionais, outras pouquíssimas pessoas de *O Globo* passaram a saber quem era Pedro Henriques. Em função disso, sufocado pelo segredo, senti-me liberado também a revelá-lo a meia dúzia de familiares e amigos, parceiros de muitas das jornadas narradas na coluna, que já suspeitavam de mim pela coincidência das opiniões expressas. O mais complicado foi omitir do meu filho a minha ligação com Pedro Henriques, pelas razões expostas na crônica "O menino que comia foie gras", que nomeia e fecha este livro. No circuito gastronômico, no entanto, ninguém sabia quem se escondia atrás do pseudônimo, o que se configurava em uma façanha nestes tempos de sigilos rotos. Houve até quem conjecturasse que Pedro Henriques fosse fruto de criação coletiva. Outros, como relata a jornalista Luciana Fróes, especularam com os nomes de Boni e de Ricardo Amaral, entre muitos, o que nivelava a persona a excelsas referências da paisagem gastronômica.

Desde o início, priorizei temáticas ou experiências circunstanciais, e não, propriamente, res-taurantes. O foco principal era a gastronomia e suas abrangências e interseções. Só abordei casas de que gosto ou que visitei na esperança de gostar. Nem tudo foi expectativa correspondida, porém. No Brasil, evidenciam-se as limitações de matérias-primas e de serviços, o que inibe as possibilidades da gastronomia nativa, a despeito da floração dos nossos chefs. Mais do que fazer reparos a estabelecimentos e a profissionais, preferi discorrer sobre duvidosos conceitos e fundamentalismos que permeiam o universo gastronômico com a soberba das verdades febris. Há chefs, por exemplo, que se vangloriam de não usar ingredientes nobres, como foie gras, trufas e caviar em seus menus, como forma de resistência a supostas supremacias normatizadas. Cada um tem o direito a fazer o que bem entender para externar as suas raízes, artes e filosofias e autenticar os seus trabalhos. Agora, se orgulhar por repulsar consagrados produtos "aristocráticos" é um despautério típico de missionários possuídos por cacoetes redencionistas. Não usar certos insumos glorificados, tudo bem; porém, se gabar disso, beira a tolice juramentada. Prefiro as obras culinárias – e tudo mais – que se impõem por suas qualidades intrínsecas, e não por simples negação às demais. Em geral, não sou sensível a ações e vocalizações negativas; só às propositivas. Admirador da elegância e da tradição, desconfio de modismos midiáticos e de vanguardas inconsistentes. Como de quase tudo, mas não engulo tudo.

Registro ainda uma animadora constatação: felizmente, o ecossistema gastronômico é um paraíso no meio da conjuntura irracional e beligerante que impera no mundo em quase todas as áreas. Ele abriga também as contradições e as torpezas humanas, mas o faz dentro de paradigmas civilizatórios e criativos, sob a égide da generosidade. E é fácil de entender: comer e beber constituem, culturalmente, uma atividade associativa de congraçamento e de fortalecimento de vínculos, onde se deprimem os espaços para o ódio e a barbárie e se ampliam os ensejos de magnanimidade. A gastronomia tem essência gregária, e não segregativa. Pode-se abraçar esta ou aquela tendência, mas não há torcidas organizadas marcando encontros para a prática de selvagerias nem trocando vitupérios nas redes "antissociais".

Além dos trinta e três artigos veiculados em *O Globo* durante 2 anos, este opúsculo traz ainda outros quatro textos inéditos. Três já estavam em gestação, quando cessou-se a colaboração com o jornal. O outro – o último do livro – faz-se necessário para explicitar as razões de muitas coisas importantíssimas para mim. As trinta e três crônicas republicadas de *O Globo* seguem em ordem cronológica, e as dezessete primeiras são maiores do que as dezesseis restantes, por terem sido editadas em espaços distintos do jornal. Esta coletânea de textos sobre elementos mutáveis e perecíveis deve ser observada sob as circunstâncias da ocasião.

No mais, restam-me alguns agradecimentos sinceros e indispensáveis.

Agradeço a Ascânio Seleme, por confiar na potencialidade do personagem e por ajudar a mantê-lo na clandestinidade.

Agradeço ainda a jornalista Luciana Fróes, pelo carinho dedicado ao "fantasma" e pela contribuição fundamental e apurada que empresta à gastronomia brasileira.

Minha gratidão a Antonio Cicero, João Lara, Marcelo Pies e Paulo Brito, companheiros frequentes de mesa, a quem soneguei a minha temporária identidade alternativa.

Sou grato também ao editor José Mario Pereira, pela generosidade e a ousadia de oferecer uma sobrevida a Pedro Henriques.

Fevereiro de 2018

Em tempos de espetacularização

Esta coluna é um tributo a Roberto Marinho de Azevedo – o pioneiro Apicius –, a Danusia Barbara, a Renato Machado, a Luciana Fróes e a todos aqueles que, com os seus talentos, contribuíram para que a gastronomia brasileira viesse à luz. Nestes tempos opacos de catastrofismo econômico e social, delinquências sortidas, bobagens insolentes e orgulhosas, insanidades ideológicas e, até, depreciação na qualidade das artes, não deixa de ser espantoso que a gastronomia mundial alcance um padrão de excelência inaudito e aglutine cada vez mais entusiastas. É deste ambiente próspero que esta coluna eventual tratará, dando preferência aos aspectos positivos e educacionais, embora não vá se furtar a cumprir o seu papel crítico, ficando longe, porém, de fúrias ou personalismos.

Parece que, hoje em dia, todos só falam de comidas, bebidas e afins. Na mídia, crescem os espaços dedicados ao repertório. Nas TVs, sobejam programas com chefs, subchefs e, até, minichefs – com crianças limpinhas e marciais.

A cultura gastronômica avançou muito nos últimos anos. No Brasil, do império do escalopinho com arroz à piamontese e do estrogonofe até agora, evoluímos sobremaneira. Bebemos infinitamente melhor também nas refeições. Livramo-nos da inevitabilidade dos Almadéns, dos Casais Garcia e dos abominosos Liebfraumilchs de outrora. E até do uísque que se impunha à mesa à guisa de acompanhante indevido.

Os restaurantes pátrios prosperaram, embora estejam bem aquém dos excepcionais do mundo. Uma leva de devotados e ambiciosos chefs brasileiros aprendeu as modernas técnicas nas escolas de referência, trabalhou em casas renomadas da Europa e dos EUA, mas enfrenta limitações locais de matéria-prima. E, no ambiente de cozinha extraordinária, a excelência dos produtos é mais importante do que as técnicas, a dedicação e a criatividade, a despeito do que acham alguns empavonados chefs. É verdade que a oferta de ingredientes melhorou – seja pela liberdade de importação, seja pelo aprimoramento dos produtores nativos –, mas não a ponto de permitir que nos coloquemos entre os primeiros.

As limitações dos nossos produtos são mais perceptíveis comparativamente. De modo geral, a nossa carne bovina alcança padrões satisfatórios, mas a vitela é sofrível perto das peças rosadinhas que se comem, por exemplo, no L'Astrance, em Paris, ou no Old Swiss House, em Lucerne. O cordeiro, ingrediente nobre da culinária, é degustável, mas não se compara aos seus congêneres dos Pirineus e da Nova Zelândia. E do pato, outro bocado aristocrático, nem se fala; basta cotejá-lo com os que se comem em qualquer bistrô parisiense. Em 2006, quando inaugurou restaurante homônimo no Rio, o chef chinês Mr. Lam levou meses para introduzir o tradicional prato Pato Pequim no cardápio, por não achar a ave digna por aqui.

É obvio que outros países padecem de carências assemelhadas. Os mais ricos, entretanto, têm facilidade de acesso às iguarias superiores, por proximidade, tratados comerciais e robustez econômica. A Espanha, que já era abundante em matérias-primas, tornou-se potência gastronômica, quando alinhou os recursos irrigados pela construção da União Europeia com a influência da culinária francesa invasiva nas fronteiras da Catalunha e do País Basco. A própria França não é o principal referencial gastronômico do planeta por acaso; lá se encontra um sortimento de ingredientes inigualáveis.

Nossas restrições de matérias-primas não são, contudo, os únicos obstáculos para galgarmos o cume. Necessitamos de mão de obra mais qualificada em toda a cadeia gastronômica. Melhoramos também aí, mas não o suficiente. Dentro das cozinhas já se encontram atmosferas promissoras, com cobiças produtivas e gente jovem antenada. Nos salões, a maioria dos garçons e sommeliers não passa de curiosos improvisados, arrastando a inanimada burocracia daqueles que tratam seus ofícios, majoritariamente, como bico.

Em tempo de espetacularização, temos ainda o risco do maravilhamento improdutivo, em que chefs se dediquem mais a se tornarem mariposas midiáticas do que a tratarem de suas panelas. A curto prazo, pode-se ter a ilusão de que o exibicionismo não só é bom para o ego, como também para os negócios. De fato, a exposição dos que se sobressaem pode ajudar na motivação de novos quadros profissionais e na atração de consumidores. Se a cozinha declina, porém, negócios e egos desinflam. Há de haver um equilíbrio, em que a qualidade das cozinhas não seja agastada pelo deslumbramento dos chefs. Afinal, os grandes chefs são reconhecidos pelas bocas que encantam, e não pelo que falam pelas suas.

5/12/2015

O Michelin *e o novo Waterloo*

Anuncia-se a edição brasileira do *Guia Michelin* 2016. Na primeira e atual versão – a de 2015 –, a publicação só contemplou as cidades do Rio de Janeiro e de São Paulo. Agora, além de restaurantes e hotéis, ela elencará bares, em inusual concessão aos hábitos locais.

Guias desta genealogia são importantes estímulos para o incremento da cultura gastronômica. Espera-se que a nova versão repare lapsos e equívocos da presente edição; frutos, provavelmente, de imperfeições inerentes a projetos inaugurais e de opções menos rígidas e convencionais do que as praticadas pela matriz francesa. O manual precisa aprimorar o escopo de suas confusas e inservíveis categorizações. O que faz, por exemplo, a cozinha do Lasai ser definida como "atual" e a do antigo Oro – ora, em processo de reativação –, "criativa"? Quais os critérios que fundamentam o discernimento entre os tipos de cozinha do Olympe e do Le Pré Catalan, catalogando a do primeiro como "francesa" e a do segundo como "internacional"?

As ausências do D'Amici e do Azumi, entre os restaurantes cariocas, evidenciaram as lacunas do opúsculo. Sob os rigores das edições francesas, é provável também que um número menor de casas fosse outorgado com estrelas, que é como o guia hierarquiza os melhores – uma, duas ou três estrelas. No caso do Rio, a cotação máxima foi uma estrela. Seis estabelecimentos receberam-na; dos quais, o Mee trocou de chef após ganhar a insígnia, e o Oro fechou as portas, para reabrir com outra proposta. Os outros agraciados foram Roberta Sudbrack, Lasai, Olympe e Le Pré Catalan. Entende-se a generosidade do guia, considerando-se a necessidade de celebrar, na estreia, o nosso meio gastronômico e de tentar se consolidar como oráculo do mesmo.

Na trilha do sucesso dos precursores franceses *Michelin* e *Gault et Millau*, guias gastronômicos proliferam-se por todas as partes. Alguns ambicionam conduzir e serem porta-vozes de novas tendências; às vezes, em nítido e infantil enfrentamento com a venerável escola francesa. Uma espécie de MMA entre a modernidade e a tradição.

Na linha de frente desta batalha estéril encontra-se a revista britânica *Restaurant*, com a lista The Word's 50 Best Restaurants e suas idiossincrasias. Na sua última relação, entre os 10 primeiros, não há um restaurante da França, o que, por si só, desmoraliza a seleção. Em edição pretérita, a revista chegou a escalar o parisiense Le Chateaubriand em décimo lugar, em evidente provocação aos medalhões do país. O chef franco-basco Inaki Aizpitarte comanda apenas um bom e animado bistrô; nada que se compare aos grandes da França.

Nas relações da *Restaurant*, porém, nem tudo é somente implicância de ingleses recalcados com o seu malsinado passado gastronômico, buscando reeditar um caricatural Waterloo, diante da secular proeminência da culinária francesa. Por trás das predileções da revista, há ainda a crença militante na supremacia de uma comida politicamente correta, natural e orgânica; supostamente, mais consentânea com os dias de hoje. A unção excêntrica, por anos seguidos, do dinamarquês Noma, como o melhor restaurante do mundo, é a reafirmação dessa fundamentalista doutrina, que também ampara a indicação do Le Chateaubriand, citada acima. Hoje, o Noma, que, a juízo da coluna, nunca foi essa "Fernanda Montenegro" toda, loca-se em terceiro na lista. A despeito de notórias picuinhas, a listagem da *Restaurant* abarca formidáveis estabelecimentos, embora alguns não passem de fugazes modismos.

O guia americano *Zagat* é mais equilibrado e faz uma sábia calibragem entre a contemporaneidade e a tradição. Ele apoia as fluências emergentes, mas reconhece a relevância das escolas gastronômicas históricas. Entre os 10 melhores restaurantes de Nova York no rol mais recente, metade tem sotaque francês, inclusive os três primeiros. No mais, o *Zagat* diferencia-se por atestar uma variante de restaurantes orientais tão comuns nas principais cidades dos Estados Unidos, o que tempera o seu rigor.

Com a expansão do mercado gastronômico e com o aumento crescente do número de aficionados pelo assunto, os bons guias cumprem também o papel de organizar as opções de restaurantes em diversos aspectos – qualidade, tipo, preço, localidade etc. Tão relevante quanto o inventário de excelência sobre as cozinhas é essa faceta de serviço extremamente útil aos consumidores, em geral, e aos viajantes, em particular.

Na verdade, não importa tanto se os preferidos ocasionais são os restaurantes A ou B, já que as escolhas refletem filosofias e particularidades em progressão dentro de culturas e épocas distintas. A predisposição dos guias é de estimular a alternância no topo e de chancelar as técnicas e os talentos nascentes, pois a roda dos negócios precisa continuar a girar. Há muitos modismos, no entanto, ilusórios e perecíveis. Felizmente, a realidade e a concorrência se incumbem dos inconsistentes. A despeito do que consignam os guias, restaurantes comprovadamente fabulosos são aqueles que atravessam o artificialismo das modas e permanecem sendo reverenciados com o correr dos tempos, como o centenário e rústico Peter Luger, em Nova York, com seus incomparáveis steaks. O resto é espuma.

Em 2016, à boa mesa, pois.

2/1/2016

O Antiquarius não é o mesmo

Em 1977, o restaurante Antiquarius instalava-se no Leblon, pelas mãos do empresário Carlos Perico e do maître Manoel Pires, o lendário Manoelzinho. Ambos portugueses ressabiados com a Revolução dos Cravos, que, três anos antes, depusera o regime ditatorial salazarista albergado na Terrinha desde 1933. Em pouco tempo, o Antiquarius avultara-se à condição de melhor restaurante do Rio; não só pela exponencial qualidade dos seus repastos e serviços como também pela desertificação do cenário gastronômico de então.

De lá para cá, o Antiquarius amealhou praticamente todas as comendas conferidas a santuários dedicados à comida lusitana. Mereceu todas as glórias; não apenas pela excelência do estabelecimento, mas, sobretudo, pela serventia civilizatória que exerceu em prol da gastronomia carioca. Era mais do que um grande restaurante; tornara-se um ponto pulsante de sabores, de congraçamentos e de status.

Manoelzinho convertera-se em uma estrela – à época em que poucas verdadeiras havia no nosso universo culinário –, socializando amabilidades com os clientes e severos olhares com os companheiros de trabalho. Sorria para os fregueses e arqueava as sobrancelhas para os subordinados, simultaneamente. Nada se lhe escapava. Controlava cozinha, salão e espíritos. Era a alma aristocrática e profissional do lugar. Perico também cativava pela fidalguia, mas sem o carisma flamante do seu sócio.

Quando o Antiquarius foi inaugurado, por razões históricas, a cozinha portuguesa referenciava há tempos o paladar dos cariocas que manjavam fora do lar. Já existiam – apenas para citar alguns dos que aqui ainda estão – os restaurantes Adegão Português, A Marisqueira, Cidade do Porto, Mosteiro, Nova Capela e Rei do Bacalhau. Isso sem falar da proliferação de bares lusos batutas – Adega Flor de Coimbra, Adega Pérola, Adonis, Bar da Portuguesa etc. Todos com cardápios tradicionais e sem pretensão à alta gastronomia. E assim continuam até hoje. A exceção ficara por conta da Adega do Valentim, infelizmente já fechada. E agora parece que o Rancho Português ambiciona mais do que servir um correto bacalhau.

Se o Antiquarius obteve todas as honrarias nos anos decorridos, no presente não é mais tão patente que faça jus a elas. Esta é uma lamentável constatação. O lugar piorou – e bastante. Começou a se debilitar com o translado de Manoelzinho para a sucursal de Brasília. A dispersão dos esforços de expansão em direção à Barra e a São Paulo também contribuiu para a debacle de casa. Saída de Manoelzinho, crise econômica e, aparentemente, imbróglios familiares selaram a triste sina das filiais e desbarataram o capital da matriz, a despeito dos esforços do já exaurido Perico.

Hoje, infelizmente, o Antiquarius é um espectro do seu belo enredo. O seu senhorial ambiente perdeu o viço, fragilizado por uma cozinha que reflete problemas administrativos e por uma equipe acomodada. Pode-se comer bem eventualmente ainda lá? Pode-se. Encontram-se ainda prazeres de antanho na perna de cordeiro e na cataplana de polvo, por exemplo. Isso, porém, não é mais o padrão, e sim a exceção. Alguns consideram o seu menu fossilizado. Um cardápio quase sempre alheio a novidades, entretanto, nunca fora limitador do seu jaez. Pelo contrário; sempre fora um ativo da casa fugir de invencionices opsofágicas. Quem busca comida lusa não quer saber de refeições modernosas; procura a consistência e o conforto de experiências já metabolizadas.

Agora, não. Agora, a mesmice moldou-se à falta de comando, às dificuldades empresariais de seus proprietários e ao conformismo de seus funcionários. Bolinhos de bacalhau e demais belisquetes engordurados e um couvert esmaecido não são os estimulantes abre-alas que um bom restaurante deveria oferecer. Para quem conheceu o local no auge, decepcionante também é a maioria dos pratos, que, nitidamente, sofre pelo descaso da cozinha e pela índole – pelo visto, não tão mais nobre – de suas matérias-primas. A carta de vinhos murchou e empobreceu. Regrediu 30 anos, ao limar produtores que remoçaram a enologia portuguesa e ao privilegiar rótulos ultrapassados como Tinto da Ânfora e Quinta da Bacalhoa, vinhos potáveis de outrora, mas caducos. Apenas as sobremesas e a gentileza de alguns maîtres continuam a se sobressair.

A despeito da ausência de aspiração de outros restaurantes portugueses, a queda evidente do Antiquarius lhe dificulta manter a condição de melhor estabelecimento lusitano da cidade. Comparativamente com os demais de igual pronúncia, pode ser até que consiga reunir mais alguns títulos. Seria uma injustiça, no entanto, com a sua própria majestosa história. Exaltá-lo não pelo enfático reconhecimento de seus préstimos, mas, sim, pela limitação dos concorrentes ou somente por tributo à sua memória. Continuar se laureando o Antiquarius, no momento, talvez se constitua em um desserviço ao restaurante, condescendendo com uma ilusão daninha.

Testemunhar sobre as mazelas do Antiquarius não apraz a esta coluna. Ao contrário; a entristece. É hora, porém, de soar tonitruantemente o alarme na tentativa de reverter um final que se insinua lamentável para este patrimônio da maravilhosa e olímpica cidade do Rio de Janeiro.

13/2/2016

Come-se mal em qualquer lugar

Não se iluda; pode-se comer mal em qualquer restaurante do mundo, até nos considerados excepcionais. Nestes é bastante raro, mas acontece. A coluna, por exemplo, já teve vivências infaustas no L'Arpege, um triestrelado em Paris, e no Roberta Sudbrack, um dos estabelecimentos bem avaliados do Rio.

No L'Arpege, por incompatibilidade com a inconsistência de um menu de modismo biogastronômico, alheio às tradições culinárias francesas e aos prazeres mundanos. Míseros coquilles saint-jacques (vieiras), de entrada, e homard (tipo de lagosta), de prato principal, tornaram-se meros coadjuvantes de alguns legumes e de muitas folhas e flores, em desastrosa inversão de prioridades em que o molusco e o crustáceo, que deveriam ser os astros da refeição, emascularam-se perante verduras, vegetais e plantas. Se já não fosse pelo equívoco da concepção, em que o ressaltar das matérias-primas sucumbe ao conceito, quem quer pagar uma fortuna para comer minirrabanetes e hibiscos?

No caso do restaurante Roberta Sudbrack, a provação foi ainda pior: a comida estava pessimamente elaborada, a léguas de distância do padrão da casa. Fora uma temporada de trufas brancas em que o fungo, que já não era de boa safra, sem aroma e sabor, se fez acompanhar por uma massa medonhamente infeliz no ponto e no paladar, contaminando toda a comezaina. Parênteses: faz tempo que não aparecem, por aqui, trufas brancas íntegras, que sensibilizem olfato e palato, simultaneamente. A túbera é um produto delicado, de vida curta e caprichos complexos, cujas circunstâncias de transbordo agravam suas fragilidades.

O L'Arpege continua com as suas três estrelas no *Guia Michelin* e o Roberta Sudbrack permanece como um dos restaurantes cariocas mais celebrados. O que faz restaurantes conceituados desandarem, mesmo que eventualmente? Inúmeras são as razões, que vão desde sabotagem de funcionários contra patrões até a ausência dos chefs principais à frente dos fogões. Na desastrosa experiência, no Roberta Sudbrack, a chef não estava na casa. No Brasil, este é um problemão para os restaurantes autorais; em geral, quando o chef não se encontra, a qualidade corre riscos ou obscurecem-se os diferenciais. E, agora, com esta comichão que todos têm de expandir os seus negócios em múltiplos estabelecimentos e de se exibirem nas TVs, os chefs encontram-se cada vez menos onde deveriam estar.

Pelo alto padrão de profissionalismo e pela estirpe de seus produtos, os principais centros gastronômicos são menos sujeitos a oscilações pela ausência dos chefs. Quem vai ao L'Atelier de Joël Robuchon, em qualquer parte do planeta, não espera encontrar o mago por lá, e, sim, os seus feitiços, materializados por mãos de devotos competentes.

A excelência dos ingredientes, comumente, é a primordial razão de equilíbrio ou desequilíbrio de uma refeição. Outra variável relevante é o ponto de cocção. Frutos do mar muito cozidos, como se sabe, por melhores que sejam suas procedências, tornam-se borrachudos, imprestáveis. No Brasil, há a limitação e a inadequação dos acompanhamentos, que, geralmente recebem das cozinhas menosprezo, estorvando, muitas vezes, o desempenho do produto determinante. Ainda convivemos, majoritariamente, com a imposição de batatas, arrozes e legumes tristes à guisa de séquito para quase todos os pratos. Registra-se que há cada vez mais gente esforçando-se para criar alternativas a esses "desacompanhamentos". E há ainda o horror dos horrores: os molhos. Apesar de sua importância, nada contribui mais para danar e despersonalizar um prato do que eles, que não devem ser aventurados em casas sem estema. Usualmente, os molhos prestam-se para camuflar as deficiências das iguarias ou lhes descaracterizarem os sabores, embora devessem destacá-los. Mais vale uma boa posta de badejo fresco apenas grelhada do que ela boiando em lava duvidosa.

Enormes são, portanto, os obstáculos para que um restaurante alcance um patamar celeste. Se nos carimbados, às vezes, pode-se não comer tão bem, imagine apenas nos bons ou medianos? Esses são mais susceptíveis a irregularidades. Além dos problemas inerentes às cozinhas, há os pertinentes aos salões, onde os serviços só atingem o ápice por exceção. No Rio, o Gero talvez seja o que mais se aproxima de um expediente qualificado. Não por acaso, ele origina-se em São Paulo, onde os serviços são infinitamente melhores do que aqui.

Alguns guias gastronômicos desconsideram os ambientes em suas avaliações. Equivocam-se. O fundamental, obviamente, é a comida, mas a ambiência tem um peso, assim como os serviços, as bebidas, as paisagens etc. Certos recintos e estágios de conforto depreciam ou salientam as virtudes de um repasto. Uma coisa é você comer no topo do Palazzo Manfredi, na varanda do restaurante Aroma, com vista para o pôr do sol deitando sobre o Coliseu, em cenário típico do filme *A grande beleza*. Outra seria apreciar o mesmo manjar em uma taberna controlada pelo Estado Islâmico, em Mosul, no Iraque. Hipoteticamente, seria a mesma comida, produzindo sensações distintas.

Em suma, comer divinamente, sem reparos, é dificílimo, pois faz-se necessário um pertinaz perfeccionismo ou uma milagrosa harmonização de fatores.

5/3/2016

Devemos muito aos italianos

A culinária italiana talvez seja a que mais influenciou o surgimento de restaurantes no Rio de Janeiro. E é ela que, por nacionalidades, agrupa o maior conjunto de bons estabelecimentos da cidade. Por causa da maciça migração para as Américas, iniciada no último quarto do século XIX e motivada pela unificação da Itália e pelo começo do processo de industrialização, milhares de italianos vieram tentar a sorte no Brasil, e uma parte oriunda de centros urbanos optou por viver no Rio. Com isso, as massas, as pizzas, as sopas e os embutidos incorporaram-se à dieta caseira dos cariocas.

Inicialmente, os restaurantes italianos reproduziam as receitas domésticas dos imigrantes, sem pretensão gastronômica, o que, aliás, ninguém tinha à época no país. Os restaurantes eram extensões das macarronadas familiares de domingo e espaços de congraçamentos, onde não se escrutinava a comida. Ia-se a restaurantes pelo programa de se reunir e celebrar, com parentes e amigos, fora de casa, e não para vivenciar experiências culinárias.

Instalados na segunda metade dos anos 1950, o La Fiorentina e o La Mole ainda refletem esse espírito do passado, em que a qualidade das refeições importa menos do que a memória afetiva dos lugares. Diversos são os *ristorantes*, *trattorias*, cantinas e *osterias*, além das *pizzerias*, que cumprem a mesma função de atiçar prazerosas reminiscências. Assim como a portuguesa, a comida italiana está, culturalmente, vinculada ao paladar dos cariocas.

O curso evolutivo dos restaurantes da cidade melhor se expressou, quando por aqui aportaram os italianos Angelo Neroni, Danio Braga e Luciano Pollarini, com os seus respectivos e saudosos Grottammare, Enotria e Arlecchino, e incutiram outro padrão à cena gastronômica. Danio e Luciano também foram responsáveis pela intromissão de excelentes vinhos à mesa, o que ajudou a estabelecer a bebida como acompanhante civilizada dos pratos, em vez do despropositado uísque. Em 1983, o italiano Miro Leopardi criara o Satyricon, que, no entanto, só deslancharia posteriormente. Após a senda aberta por eles, surgiram casas com propostas afinadas; embora só se tenha alcançado um nível, realmente, incomum, quando Danio Braga inaugurou o Locanda Della Mimosa, em Itaipava. De lá para cá, abriram-se e se fecharam algumas firmas habilitadas gastronomicamente, como o Gibo, o Terzetto, o original Quadrifoglio etc. Outras tantas não chegaram a cerrar as portas, como o Margutta, mas já não ostentam as credenciais distintas de outrora.

Hoje, a maioria dos restaurantes italianos do Rio cumpre o papel rabiscado no passado; são ambientes simpáticos de comidas medianas. Poucos atingem gabaritos superiores e se inserem no catálogo das seletas casas da cidade. A saber: Alloro, D'Amici, Duo, Fasano Al Mare, Gero e Satyricon. Pela sua trajetória, o Cripriani certamente faz parte deste time. Como não o visitamos há tempos, preferimos não o valorar por lembranças inatuais.

Grosso modo e sob o risco de equívocos circunstanciais, podemos sintetizá-los por certas características. O Alloro tem bons risotos e polentas, um cordeiro digno e vinhos apropriados, mas carece de inspiração no trato dos elementos marítimos. As presenças do chef Luciano Boseggia, dos maîtres Ary e Valney e do sommelier João Pedro Lamonica adicionam. No Duo, a assinatura de Dionísio Chaves na carta de vinhos é um ativo. As entradas de mar e as massas também são estimulantes. Elegante e profícuo é o desfile de Nicola Giorgio pelos salões. As carnes, contudo, não acompanham a média. Os restaurantes da família Fasano – os Geros (Ipanema e Barra) e o Fasano Al Mare – exibem como marca as massas, as entradas de frutos do mar e as polentas. As carnes são voláteis; ora encantam, ora ficam aquém. Nos Geros, a onipresença do maître-gerente Alves assegura um serviço mais cuidadoso, mas os doces precisam de renovação. No Fasano Al Mare, o chef Paolo Lavezzini é o cara. Em todas as três casas do grupo, a oferta de vinhos já foi mais criativa e excitante. O reconhecimento do Satyricon assenta-se sobre a variedade e o frescor dos seus frutos do mar. Nesse quesito, é imbatível. Os acompanhamentos, entretanto, são convencionais, o que, em geral, debilita os pratos. As sobremesas não somam. Entre os vinhos, há boas alternativas. O D'Amici também tem nas sugestões de mar os seus melhores predicados. E uma paleta de cordeiro memorável, embora já tenham impressionado mais. Fraqueja nos acompanhamentos e na carta de vinhos despersonalizada. Não se destaca nas sobremesas, mas oferece um dos tiramisus mais corretos da cidade. É Antônio Salustiano, porém, o ponto mais alto do lugar, que quase nunca decepciona, mesmo quando não arrebata. Em comum, esses restaurantes praticam preços caros, sendo que os da família Fasano e Satyricon exorbitam; este, inclusive, cobra separadamente, por certos "contornos".

Há outros restaurantes reverenciados no Rio, como alguns franceses e contemporâneos. Os italianos, contudo, destacam-se pelo volume e pela história de relação com a cidade. A eles, aos grandes de hoje e de ontem, devemos a nossa inserção mais consistente no maravilhoso universo gastronômico.

2/4/2016

São Paulo além da priprioca

Em 1997, uma associação patronal, com a chancela da Câmara de Vereadores local, conferiu a São Paulo o exagerado título de "Capital Mundial da Gastronomia". Vanglória promocional à parte, São Paulo é considerada a cidade brasileira onde melhor se come, com os seus mais de 12 mil restaurantes oferecendo a culinária de cinquenta e duas nações.

Em São Paulo, os restaurantes, como os conhecemos hoje, surgiram nos idos de 1860-1870, alojando-se, prioritariamente, em hotéis, e atendendo a burguesia emergente e francófila enriquecida pelo ciclo do café, que se tornara a força motriz do Brasil.

Além dos países – notadamente, Itália, Japão e Líbano – que contribuíram para a multiplicidade dos sabores de São Paulo, a cidade, como a principal hospedaria das migrações internas, recebeu a inspiração das culturas regionais, indígena e caipira (do interior do estado). Pratos como o virado à paulista, o camarão à paulista e o cuscuz à paulista sumarizam as adaptações de suas influências. A fortuna de referências incentivou até a criação de recintos qualificados com repastos multinacionais, como os franco-italianos Parigi e La Tambouille.

No momento, a ênfase é pelo estímulo à cozinha brasileira, seja ela tradicional ou autoral, com a releitura e a revelação de produtos nacionais. Essa opção, que privilegia o uso de ingredientes mais em conta, deriva, sobretudo, da crise econômica, que expele do mercado a maioria das novas casas antes de elas atingirem um ano de idade. Atualmente, mesmo os estabelecimentos caros não conseguem conservar a despensa guarnecida com a abundância de provisões importadas. Para tentar manter a aparência de normalidade e a clientela exigente, alguns desses recintos agrandaram alimentos corriqueiros ou extravagantes, revestindo-os de ares sobrenaturais. Louve-se a iniciativa de se potencializar os produtos brasileiros e de se oxigenar a nossa gastronomia, mas sem mitificações, sem vender Nicolas Cage como se fosse Marlon Brando.

Nessa cruzada verde-amarela, o D.O.M. tornou-se simbólico, pela sincera devoção do seu chef à causa e por se abastecer na quitanda nacionalista há tempos. Ali, existe um misto genuíno de pragmatismo econômico e de dogmatismo gastronômico. Alex Atala é um grande chef moderno; um militante criativo com técnica apurada e reais preocupações ambientais e sociais. Seu garimpo alimentar, no entanto, lavra pepitas semipreciosas. A alegórica priprioca – erva amazônica da qual se come a raiz e que é valorizada pela indústria farmacêutica –, a despeito do alarido, não fez transposição revolucionária do universo dos cosméticos para o mundo dos comestíveis. No site do D.O.M., o chef fala em sonho e em missão, sintetizando bem o espírito do seu distinto trabalho, que, às vezes, no nosso entender, é lesado pelo caráter catequizador.

Assumindo-se "ítalo-caipira", o Attimo é um dos estabelecimentos que melhor promoveu o *aggiornamento* da culinária brasileira com outra de além-mar. A essência dos pratos é italiana, mas os produtos são, majoritariamente, pátrios, em uma mescla quase sempre satisfatória. O arroz de linguiça artesanal, grão de bico, peperoncino e costeletas de porco é apreciável, assim como a paleta de cordeiro, tagliatelle e legumes. Como contratempo, a ameaça – nem sempre concretizada, felizmente – de repertório sertanejo como fundo musical.

Sem brasileirismos e cream cheese, o japonês Jun Sakamoto seduz os *foodies*. O menu degustação, com quatorze sushis, um prato frio e outro quente e a sobremesa, evoca sucessivas exclamações. O arroz levemente aquecido e o dashi (caldo básico da culinária japonesa) de peixe-serra sustentam o conjunto, com destaque para os sushis de carapau, robalo, pargo e linguado – estes dois últimos abençoados pela erva chinesa shissô. A trilha sonora – curiosamente, impressa no cardápio – é tão elegante (Chet Baker, Billie Holiday etc.) quanto os pratos e os saquês da casa, o que mitiga a inconveniência de música em ambientes de alta gastronomia.

Os preferidos da coluna em São Paulo, contudo, são o conservador Fasano e o contemporâneo Maní. O Fasano serve comida italiana clássica, com acanhadas novidades. Suas virtudes são as excelências dos produtos, o profissionalismo dos serviços e a adega do sommelier Manoel Beato. Seu maior diferencial, porém, é a ancestralidade do *restaurateur* Rogério Fasano, que tudo controla. O Fasano não é restaurante de chef – embora o tenha bom –, mas de um ótimo *restaurateur*, cuja família está há mais de 100 anos no ramo.

O Maní talvez seja, hoje, a experiência mais inovadora e encantadora do país. Das mãos dos chefs Helena Rizzo e Daniel Redondo saem refinadas poesias mastigáveis. No menu degustação desfilam sensações, texturas e delicadezas invulgares. O penne de aspargos branco e verde com queijo castanho e a bochecha de boi com lardo e pupunha recheada de tutano em molho de açaí são notáveis. O ceviche de caju e o nhoque de mandioquinha com dashi de tucupi transcendem e poderiam ser, orgulhosamente, assinados por qualquer extraordinário chef do planeta. Pena que os vinhos da harmonização não estejam à altura do banquete.

De fato, na média, come-se melhor em São Paulo do que no Rio. E mais barato também. Palmirinha, você venceu.

7/5/2016

Comida peruana é sobrestimada

A comida peruana está na moda e Lima converteu-se na nova meca gastronômica. Dos cinquenta melhores restaurantes latino-americanos do ranking da revista britânica *Restaurant*, nove acomodam-se na capital do Peru; entre eles, os primeiro (Central), terceiro (Astrid & Gastón) e quinto (Maido) lugares da lista. A *Restaurant* é publicação doutrinária antípoda da tradição culinária francesa e propagadora de escola alimentar politicamente correta. É panfleto de louvação à cozinha conceitual e aos bons profissionais antenados, tatuados, holísticos e xamânicos, embora nem todos os avalizados caibam nessas caricaturas.

De longe, desconfiávamos de agigantamento no culto aos restaurantes limenhos. *In loco*, atestamos a demasia. A oferta é consistente; porém, não na dimensão exaltada. Na maioria dos estabelecimentos, há um conjunto de excessos de ingredientes e/ou de caldos, que, frequentemente, estorva os sabores dos produtos que deveriam se distinguir. Há muita poluição na mistureba de matérias-primas secundárias, como se os chefs sentissem a compulsão de ejacular, freneticamente, os seus singulares insumos.

A atual saga da culinária peruana começou em 1994, quando Gastón Acurio e a sua mulher alemã Astrid Gutsche inauguraram o Astrid & Gastón, e, posteriormente, mais de trinta estabelecimentos em onze países. Pelos pioneirismo e papel exercido na difusão da gastronomia peruana, Gastón Acurio é o personagem proeminente de lá. A sua principal casa, contudo, encontra-se aquém da reputação alastrada. De entradas, o ceviche de corvina – com leite de tigre, abóbora e milho – era normal. Já os camarões – com papa mortero (purê?), molho chupe (sopa?), ovo e salada de favas – mostraram-se desequilibrados pelo cúmulo de coadjuvantes. De pratos, saciamos a curiosidade de provar o cuy, um roedor apreciado no país com gosto que lembra remotamente coelho. O bichinho apresentou-se bem temperado e assado. E ainda um lindo robalo, com batata-doce, creme de milho, suco de vôngoles e caldo de jamón Joselito, o príncipe dos patas negras. Esse prato, ao juntar creme, suco e caldo, sintetiza a cultura de exageros que queremos, criticamente, explicitar. O peixe nada ganhou com a aluvião de sumos. Por fim, a expressão simbólica do descomedimento que foi a bomba de chocolate; esfera oca do tamanho de uma bola de futsal recheada de musse de banana, carambola e outras doçainas. O menu degustação, talvez, seja mais contido e superior.

O restaurante mais valorado de Lima é o Central, cujas reservas precisam de dois a três meses de antecedência. É templo também de casal, com os "xamãs" Virgilio Martínez e Pía León à frente. Ali, impera a observância mística aos ingredientes andinos e amazônicos, em que os manás se submetem a conceitos biológicos e antropológicos. Os menus, de doze e dezessete cursos, exibem-se nas versões "Alturas e Ecossistemas Mater e Vegetal", e há harmonizações com vinhos – alguns peruanos – não memoráveis e com néctares, infusões e extratos para os que desprezam bebidas alcoólicas. Os pratos organizam-se em função da altitude em que as iguarias se encontram. Por exemplo, o Tallo Extremo, formado por saúco (sabugueiro) e pelos tubérculos oca e mashwa, é repasto com componentes resgatados a 2875 metros de altura. A soma das excentricidades e mitificações proporciona experiência incomum, mas não transcendente. Há prazeres sofisticados na exploração das variedades insólitas, mas não maravilhamentos.

O Maido é casa nikkei que conjuga as cozinhas japonesa e peruana. Optamos por um cortejo de niguiris (sushis), regado pelo cítrico saquê Nanbu Bijin Tokubetsu Junmai. Ótimos os niguiris, notadamente o de barriga de salmão e molho de pimenta amarela, o de foie gras com sal de Maras e o de muchame de polvo e azeite iqueño. O animado território do chef Mitsuharu Tsumura correspondeu às expectativas. Quem as excedeu fora o Osso Carnicería & Salumeria, que abriu, em 2013, como empório de carnes e, hoje, incorpora um restaurante. As figura e trajetória do chef-açougueiro Renzo Garibaldi são de cinema. O seu grande desempenho é encantar cortes americanos de angus e wagyu de altíssimo padrão. Os saborosos embutidos renovam-se diariamente. Pedimos ainda flanken, um assado de tira de angus temperado em molho de soja e sal de Maras, e ribs de porco californiano em salsa barbecue. Depois, o recomendado pelo chef: o formidável bife de ancho de wagyu de Idaho. Para compatibilizar, o elegante vinho tinto francês Château Phélan Ségur 2010, um clássico Saint-Estèphe. De sobremesa, a delicada Osso mess, com merengue, morangos, sorvete de creme, chantilly, caramelo e toucinho. Tudo ao balanço sedoso de Bob Marley e Peter Tosh.

Além desses, visitamos o Rafael, o Malabar e o La Mar Cebichería Peruana, este também de Gastón Acurio e replicado em São Paulo. Nenhum marcante, mas todos decentes sob perspectivas domadas. O Rafael é o mais sólido. E o La Mar espiritualiza tardes de fastio. A bebida nacional é o pisco e os vinhos locais da uva quebranta ainda se alfabetizam. Em suma, a culinária peruana vigora-se e vale a pena excursionar pelos restaurantes limenhos, desde que as esperanças não se acorrentem aos fetichismos e aos deslumbramentos fáceis das bíblias gastronômicas.

4/6/2916

No Leblon, falta cozinha rara

O bairro mais valorizado do Rio não desfruta de restaurantes arrebatadores. O Antiquarius deixou de sê-lo há anos. O novo Oro habilita-se a preencher a omissão. Ele situa-se, no entanto, em estágio probatório, por ainda principiar na região e pela instabilidade do capaz Felipe Bronze, que precisa provar-se menos imaturo profissionalmente. A casa reestreou com haveres e menus degustação nas alternativas "Criatividade" e "Afetividade". Escalamos o primeiro e maior, harmonizado pela atilada Cecilia Aldaz, que se empenha para nos livrar do trivial. Dos bons snacks, acumpliciados do espirituoso Vin de Mousseux Veuve Alban, destaque para os brioches no vapor, com a crocância do porquinho "cervântico". Dos pratos, sobressaíram-se os crustáceos com cremes de pistache e de alcachofra, expandidos pela mineralidade da uva rebula do esloveno Quercus. O pescado e a vaca apresentaram-se ineloquentes. O criativo arroz, com pata negra, anchovas e cebolas tostadas, resultou em execução aquém da concepção. E a deliciosa Tudo chocolate selou a auspiciosa refeição, sobrepondo-se a imprecisão da casta moscato no siciliano Ventus. O Oro configura-se propício, mas só o tempo consubstanciará a sua vocação de recinto diferenciado, já que o chef, além de ter que superar as desconfianças costumeiras, encontra-se bipartido em tertúlias televisivas.

Há poucos bons restaurantes no Leblon. O segmento carne se expressa pelos convencionais Giuseppe Grill, CT Boucherie e Cortés. Come-se razoavelmente bem neles, todavia irregularmente como em todos os lugares da cidade que têm na carne o insumo central. A razão é simples: não há constância na qualidade dos cortes nem no manejo dos seus preparos. Não é como se regalar com o steak do Peter Luger ou com o sirloin do Sparks, em Nova York, cujos maravilhosos sabor e ponto reprisam-se sempre. Aqui, as matérias-primas e os acabamentos oscilam muito. No mesmo ambiente, dependendo da ocasião, anchos, picanhas, french racks etc. manifestam-se ora aplausíveis, ora, criticáveis. Ultimamente, no planeta lebloniano, petiscam-se carnes invulgares no Sabor DOC, uma biboca na Dias Ferreira que vende e prepara peças de gado inseminado por matrizes australianas.

Os estabelecimentos orientais do bairro nivelam-se. Impulsos modernosos açoitam os japoneses, com os seus cream cheeses, mangas, maçaricos e outros abastardamentos. Apesar de vícios, há 30 anos, o Sushi Leblon proporciona prazeres sólidos, como nos memoráveis tartar de atum com gema de ovo caipira e sushi de agulhão-branco (sem ovinho de codorna) com flor de sal e azeite trufado, que, ao invés de sufocar – como costuma acontecer – o gosto de tudo que lambuza, sublinha o paladar do peixe. O Sushi não figura somente como endereço badalado; ele é um dos poucos realces do Leblon, em parte pelo gume afiado das yanagis do sushiman Luiz. A maioria dos outros japas não é ruim; apenas prioriza invencionices em vez de inventividades. E o Nam Thai avulta-se entre as outras dicções asiáticas, com o frescor e a correta elaboração dos seus produtos. O tailandês Sawasdee desandou; transformou-se em pastiche do que fora, provavelmente como consequência dos idênticos problemas que levaram ao sacrifício as unidades de Búzios, São Conrado e Ipanema. As entradas perdem-se em finalizações grosseiras e insípidas. E os camarões, que já posaram como estandartes da casa, passaram a sofrer de nanismo e boiam em lavagens despersonalizadas.

O Sawasdee contaminou-se ainda pela índole hormonal da Dias Ferreira, que contribui para desvitalizar, gastronomicamente, os simpáticos domicílios do pedaço. A DF não é CEP de excelência culinária, mas passarela de exibição, agitação e azaração, o que em nada diminui a graça do charmoso e buliçoso circuito. O Zuka, que já protagonizou na área, também se desajustou, ao adotar fórmula preguiçosa e descuidada. As proteínas igualam-se na grelha e se multiplicam à mesa. O lombo de cordeiro, por exemplo, exibe-se tanto no prato com purê de batata-doce como no que tem purê de lentilha, em uma flexibilidade incompatível com restaurantes conceituados. Desgraça pior acomete os molhos – como sempre eles. A espuma de parmesão, que inunda o ovo mollet, é, praticamente, o mesmo medonho molho de parmesão trufado, colega do sofrível nhoque crocante, só que sem a essência de trufas. O Bottega del Vino também capitulou às características festivas da DF. Ainda se esforça para vivificar as suas iguarias, sem, contudo, repetir os resultados do passado. E a carta de vinhos mirrou. Os demais estabelecimentos da rua não ambicionam relevância gastronômica. Essas atrofias opsofágicas modelam-se nas natureza e demanda da clientela local, cujo objetivo principal não é manjar divinamente, e, sim, rosetar. Hoje, na Dias Ferreira, a comida é alegórica.

Afastado do perímetro radioativo da DF, o Formidable mantém cozinha confiável com equipe que anima as releituras do chef Pedro de Artagão. É bistrô honesto que entrega a que se propõe, com sugestões atraentes e vinhos potáveis, embora caros.

Registro: lamentamos profundamente o falecimento de Carlos Perico, um dos principais responsáveis pela mudança de paradigma do cenário gastronômico carioca.

2/7/2016

Olympe é ouro na Olimpíada

Os Jogos Olímpicos do Rio começaram, e serão distribuídas 2.102 medalhas de premiação. Na cidade, cerca de uns quinze restaurantes disputariam lugar no pódio, em hipotética Olimpíada Gastronômica local.

Para a coluna, o Olympe faria jus à medalha do ouro, pelos largos 35 anos em que sedia cozinha consagrada, estando, portanto, com reputação arraigada e livre da ligeireza dos modismos. O lugar exprime ainda a suprema academia gastronômica do planeta, a despeito das pinimbas dos guias britânicos e da estultice dos contestadores de evidências. A culinária francesa continua insuperável não apenas por razões históricas, culturais e técnicas, mas, especialmente, por ser a França entreposto de matérias-primas inigualáveis. Como registraria imaginário samba-enredo, na terra do "divinal foie gras", a vitela é rosada, o pato é gordo e suculento, os queijos são realmente queijos e os vinhos são franceses. No mais, o Olympe faz-se extensão hereditária de família vocacionada que ostenta, em Roanne, recinto triestrelado, pelo *Michelin*, há mais de 47 anos. Pela qualidade e competitividade da gastronomia em solo francês, colher estrelas não é fácil; porém, mais difícil é preservá-las, sobretudo três por quase cinco décadas. Esse assombro, por si só, fala da gênese do Olympe e do clã Troisgros. Outro diferencial é a natureza bicéfala da firma, com o talentoso Claude e o filho Thomas a zelarem pelos pratos. Em estabelecimentos autorais, importa que os chefs estejam presentes, pois, por melhores que sejam os substitutos, os resultados nunca são os mesmos; pelo menos, aqui no Brasil.

O Olympe espelha tradição gloriosa, oferecendo ciência francesa mitigada pela restrição de insumos importados e mesclada com ingredientes nacionais. Em recente cardápio, destacam-se a maravilhosa terrine de foie gras, rajada por palmito pupunha com flocos de rapadura; a lula com aipim negro e mel de Jataí; a cavaquinha com manteiga de baunilha da Bahia; o cordeiro em crosta de açaí e nhoque de aipim; e o sorvete de milho-verde com cupuaçu e broa na cachaça envelhecida. Pela descrição, acentuam-se os elementos brasileiros a serviço da refinada arte francesa. E a casa dispõe de vinhos alentadores.

A medalha de prata iria para um dos intérpretes da culinária contemporânea que se esforçam para enobrecer a cena carioca. Quatro restaurantes aspirariam a ela: Lasai, Roberta Sudbrack, Oro e Eleven Rio, este prejudicado pela constante itinerância do chef Joachim Koerper para Portugal. O novo Oro necessita de mais prazo para se estabelecer e consolidar a aptidão de Felipe Bronze. Já a admirável chef Roberta Sudbrack parece acomodada com o sucesso. Há tempos que ela não apresenta uma coleção, como gosta de definir o seu menu, que reflita a fama celebrada e que encante incondicionalmente. Por outro lado, o chef Rafa Costa e Silva exibe foco, determinação e inventividade no Lasai. Assina concepção vanguardista, sem fazer o tipo caricato. E demonstra maior resolução em se fixar e ser reconhecido. Para isso, concentra suas atenções em apenas um empreendimento e não se dispersa em atividades secundárias. Suas disciplina e ambição produzem inegáveis ganhos; e a medalha de prata coroaria o Lasai.

O menu degustação de quatorze cursos do Lasai estimula sonhos coloridos. Ressaltam-se a telha de cenoura com ricota de cabra, o cherne com cebolas defumadas e espuma de palmito, a costela de angus com batata-baroa e o sorvete de amendoim com bolinho de tangerina e banana caramelizada. Tudo harmonizado por incomum seleção de vinhos escalada pelo competente sommelier Oliver Gonzalez, com os inesperados francês Château Peybonhomme-les-Tours, alemão Mariengarten Riesling Kabinett, português Aphros Daphne, chileno Rogue Vine Grand Itata e croata Krauthaker Grasevina Kasna Berba.

O galardão de bronze ficaria com um dos exemplares da escola italiana, que congrega o maior número de bons restaurantes do Rio – Alloro, Cipriani, D'Amici, Duo, Fasano Al Mare, Gero e Satyricon. Não há diferenças substantivas entre eles; os pontos fortes e fracos de cada um se equilibram. Pelo conjunto – o Fasano Al Mare e os Geros Ipanema e Barra –, não seria injustiça que a família Fasano abraçasse o prêmio, que também poderia ser conferido à regularidade do Alloro e do Duo e à criatividade do Cipriani. Já o subvalorizado e pouco midiático D'Amici o mereceria pelo alto grau de satisfação que proporciona à sua fiel clientela.

No nosso entender, entretanto, seria do Satyricon a medalha de bronze, em reconhecimento a sua identidade com o Rio e por ter mantido o padrão após a perda do seu criador Miro Leopardi. De todos os grandes italianos, o Satyricon é o que tem a cara da cidade. Os Geros e o Fasano Al Mare transpiram São Paulo. O Alloro e o Cipriani embutem-se nas entranhas de hotéis. O asséptico D'Amici parece nova nórdica. Já a entrada do Satyricon, com a sedutora exposição de frutos do mar, transporta o comensal a utopias oceânicas. Lagostas, robalos, conchas diversas etc. fascinam e se transformam em sabores encantadores na simplicidade de suas preparações. Em tradução italiana, o Satyricon é o marítimo e o maravilhoso Rio à mesa. Não é à toa que os estrangeiros o preferem.

Boa Olimpíada a todos.

6/8/2016

O esplendor do menu degustação

Cresce a proporção de prestigiosos restaurantes na cidade que aderem ao menu degustação como fórmula de serviço. Há nuances nas modelagens. A mais regular contempla uma parcela de escolhas entre as sugestões dos cardápios, para atenuar objeções de clientes tímidos culinariamente. O Olympe aplica o sistema no menu Criação, com o consumidor definindo o que o apetece no meio das opções disponibilizadas; uma espécie disfarçada de atendimento à la carte com custo fixo. Já os menus Confiance e Vegetariano ficam, integralmente, por conta dos chefs Claude e Thomas Troisgros. O Lasai e o Oro oferecem préstimos semieletivos nos menus menores. O comensal especifica alguns dos pratos principais, e se sujeita ao que vier de introito. Nos menus espichados, o cliente não palpita. E o Roberta Sudbrack desenvolve seleções fechadas, variando no número de cursos. Esses recintos trabalham, exclusivamente, com menus degustação, mas respeitam as restrições dos usuários, substituindo os ingredientes de que eles não gostam ou que não podem comer.

O Eleven Rio apresenta três tipos de menus degustação, e também dispõe da função à la carte, facilitando a vida do freguês menos experimental. Até os italianos Cipriani e Fasano Al Mare renderam-se, parcialmente, ao método, editando menus degustação das respectivas cartas convencionais. O Fasano Al Mare faculta também versão extracardápio.

Os menus degustação emanam superioridades inatas, e se pretendem obras de chefs inventivos e atestados de proficiência. Tornaram-se achados para profissionais engenhosos e ambiciosos, além de proporcionarem racionalidades econômica e criativa, já que manipular menos tipos de produtos, em tese, permite maior devoção a eles. As casas que os concebem o fazem na condição de refinadas catedrais gastronômicas autorais, bem avaliadas criticamente e caras, onde os chefs autenticam os seus dons e se distinguem. Afinal, na cozinha contemporânea, é mais corrente ascender à glória sintetizando ectoplasmas do que preparando um bom filé com fritas.

A lógica do menu degustação é progressiva, partindo dos sabores plácidos para os veementes. E o tamanho dos pratos regula-se pelo volume de cursos, para não empanzinar a freguesia. Quanto mais pratos, menores devem ser as porções. Quando bem executado, o sistema provoca deslumbramentos, mas não gera memória na mesma escala do enlevo, provavelmente pela rapidez com que os bocadinhos de céu desfilam pela boca. Prevalecem as narrativas difusas de gostosas sensações sortidas atreladas ao conjunto. Frequentemente, o cliente, embora encantado com a aventura, não se lembra do que comeu dias ou, até, horas depois. Como desmemoriados militantes, nos recordamos de raríssimos manjares provados em menus degustação. Arrastando a musse da memória, vislumbramos, com muito esforço, a cavaquinha com manteiga de baunilha do Olympe, o lagostim com purê de pistache e pupunha crocante do Oro e o aspargo verde com caramelo do Roberta Sudbrack, para nos atermos a alguns dos restaurantes da cidade. De fora do Rio, evocamos o nhoque de mandioquinha com dashi de tucupi do Maní (São Paulo), o caldo de moluscos, abacaxi e manjericão do Momofuku Ko (Nova York), a vitela com morilles do Astrance (Paris) e pouquíssimas outras coisas.

Há complexidade também no afinamento de bebidas com menus degustação. Que beberes enlaçam comezainas tão diversas? Pelo lado dos restaurantes, em casos de harmonizações etílicas, como equacionar a oferta de qualidade e de quantidade (em geral, insatisfatória, na perspectiva do freguês) dentro de preços proporcionais, considerando que eles têm que ser abaixo do que os das sequências de cursos? Por comodidade e sem ilusões de que iremos tomar garrafas olímpicas, preferimos as adequações sugeridas pelos sommeliers, orando para que nos tragam vinhos originais, diferentes daqueles encontrados nas gôndolas dos supermercados e das manjadas lojas especializadas. E ainda torcemos para que não surjam beberagens derivadas da fermentação de castas "rudes", como malbec, bonarda, carmènére etc., que, comumente, não casam com guloseimas polidas. No mais, os consórcios entre comidas e bebidas costumam ser efêmeros e amnésicos, como assinalou o colunista Pedro Mello e Souza. Quando muito, tendemos a arquivar apenas os comes e os bebes inolvidáveis. Se a preferência for por bebidas diferenciadas, o melhor é abdicar de supostas combinações ideais e escalar as botelhas desejadas, deixando que as iguarias e os líquidos se amoldem.

Menus degustação são experimentos libidinosos, sobretudo para o público iniciado. Contêm, às vezes, muitas bobagens ocasionadas pelo afã vanguardista e doutrinário de certos chefs. Restaurante que privilegia menus degustação não é lugar de frequência rotineira, pela lenta rotatividade das alternativas alimentares. É ponto de celebração ocasional. Apesar dos riscos – quando o chef é reputado e está presente na casa –, preferimos os arranjos às cegas, sem saber o que surgirá à frente, transferindo a responsabilidade para o maestro de plantão, e ansiando que ele se desdobre ao conduzir a sinfonia e confirme os seus sugeridos predicados. É um singelo aceno para dar ao chef a oportunidade de nos alumbrar com os seus fogos de artifício.

3/9/2016

Caçar Pokémons na Argentina

Há mais de duas décadas, aportamos, pela primeira vez, em Buenos Aires, carregando conselho de homem prático: "Coma muita carne, batata frita e tomate." As carnes argentinas pavoneavam notoriedade planetária. Ignorávamos, porém, quão excedentes eram em comparação às brasileiras, a ponto de achar que nunca tínhamos comido, verdadeiramente, carne até então.

O batismo no universo carnívoro argentino deu-se na maior referência portenha à época – o antigo La Cabaña, autoproclamado "la mejor carne del mundo" e visitado por Charles de Gaulle, Fidel Castro, Louis Armstrong, Sophia Loren e celebridades análogas. A casa, que fechou em 1996, já declinava, mas nos embasbacou com um memorável ojo de bife, que se cortava só com o garfo, sem o auxílio da faca; magia que desconhecíamos. O lugar albergava outras excentricidades. Dois gados embalsamados recepcionavam a clientela na entrada, e partes graúdas de reses das ilustres raças britânicas Aberdeen Angus, Hereford e Shorthorn ofereciam-se à escolha dos comensais dentro de um "aquário". Deixamos esse kitsch parque temático impactados pela experiência. Desapossado do prestígio do passado, posteriormente, o La Cabaña ressurgiu como uma sala de parrilla qualquer.

Outro repasto notável ambientou-se no aristocrático – agora, extinto – Clark's, da Calle Sarmiento. Lá, saciamo-nos com as adoráveis costeletas de cordeiro patagônico. Havia – e há – o Clark's da Recoleta, que, no momento, não guarda similaridade com o fabuloso estabelecimento comandado pelo falecido chef Gato Dumas, o fulgurante nome da gastronomia argentina na ocasião, e que, depois, viria a trabalhar em São Paulo e em Búzios.

A despeito das excelências do La Cabaña e do Clark's, fora no popular e ainda ativo Chiquilín – uma espécie de Churrascaria Majórica local – que adquirimos doces e perenes vícios por ingredientes renegados no Brasil, especialmente a morcilla (embutido de sangue de porco) e a molleja (a glândula timo do boi, que, na França, é o apreciadíssimo ris de veau).

Retornamos à Argentina um punhado de vezes, e muitas coisas mudaram. O país preservou a tradição parrilheira, mas se abriu à globalização, e, hoje, não partilha somente mesa monotemática. Os vinhos também se graduaram. Da onipresença do Dom Valentin Lacrado, do Norton Clássico e do Comte de Valmont chegamos a bebes como o Gran Cabernet Franc XI, da Pulenta Estate, o Cuarzo Petit Verdot, da Viña Alicia, e o Chacayes Unique Terroir, alquimia dos irmãos Lurton com as uvas malbec e cabernet sauvignon, para ficarmos apenas em alguns dos apurados de preços não extorsivos. E há os rótulos reverenciados, como o Cobos Volturno e o Nicolas Catena Zapata, que, no nosso entender, não são tão espetaculares assim, nem justificam a relação custo-benefício. Fabricam-se ótimos vinhos na Argentina, obviamente. Avaliamos, contudo, que eles se conciliam melhor com os víveres domésticos, sendo restritos na interação com culinárias forasteiras.

O restaurante predileto da coluna, em Buenos Aires, é o venerável Tomo 1, que apresenta uma cozinha "porteña gourmet, urbana e burguesa", com influência europeia. Nele, desfrutamos de inúmeros manás, como a salada de centollas da Terra do Fogo e as codornizes sobre endívias, e bebemos o surpreendente Tomero Gran Reserva 2007, um malbec com apanágio bordalês. Na área turística de Puerto Madero, sobressai-se o Chila como representante consistente da nova culinária argentina. Já o badalado Sucre, com o curioso "cubo" no meio do salão, não vale tanto quanto se vende, pela irregularidade dos seus serviços. De modo geral, talvez por herdarem histórico gastronômico mais radicado e longevo, os restaurantes modernos argentinos produzem menos pirotecnias do que os brasileiros. Eles elaboram uma contemporaneidade contida, aparada de excessos e de mitificações.

Apesar do expressivo crescimento de espaços com perfil internacional, os templos de parrilla ainda estampam a face da culinária argentina, com os considerados La Brigada, La Cabrera e Cabaña Las Lilas, este com participação societária do grupo Rubaiyat. Já o estiloso Casa Cruz é um daqueles recintos clichês que as elites portenhas frequentam para verem e serem vistas. Na Argentina, as carnes permanecem no proscênio, mas já não são tão superiores às que consumimos por aqui. Após termos reciclado as matrizes bovinas e aperfeiçoado as condições de importação, a nossa carne evoluiu sobremaneira, diminuindo a diferença colossal que existia entre os produtos das duas bandeiras. No âmbito das peças nobres, não há mais distâncias significativas; incorporamos, inclusive, a nomenclatura dos cortes – bife de ancho, ojo de bife, assado de tira etc. Reduziram-se as razões para o turismo proteico.

Particularmente, sentimos falta mesmo é das matérias-primas menosprezadas pelos restaurantes brasileiros – mollejas, morcillas, riñones, chinchulines etc –, que dentávamos nas parrillas rioplatenses. Atualmente, quando vamos à terra de Perón, a prioridade é caçar esses "pokémons" nos chiquilíns da vida. Felizmente, criaram-se atalhos. O paulista – de alma argentina – Corrientes 348 instalou-se no Rio, com todos esses deliciosos "monstrinhos". Viva Borges e Gardel!

1/10/2016

Mesa francesa perde o glamour

Na pré-história gastronômica do Rio, a cozinha francesa simbolizava o suprassumo. Poucos, porém, a conheciam de verdade por aqui. A imagem projetava-se por inferência, pois não havia profissionais, técnicas e ingredientes disponíveis para reproduzi-la plenamente. O conceito sustentava-se de relatos esparsos de viajantes abastados e do mimetismo de alguns restaurantes ousados, a exemplo do Le Bec Fin, que, não sendo, genuinamente, franceses, travestiam-se como tais perante clientela pasmada com as labaredas das travessas flambadas. Esses recintos não chegavam a ser engodos, mas acomodavam encenações. Ademais, a fama de sublimidade da culinária francesa alastrara-se nos círculos abonados desde o século XIX, impulsionada pelas inovações idealizadas pelos mitológicos chefs Marie-Antoine Carême e Auguste Escoffier.

O marco de instauração da gastronomia francesa, no Rio, ocorreu com o desembarque da brigada do extraordinário Paul Bocuse, em 1979, para abrir o Le Saint Honoré no cocuruto do hotel Le Meridien (hoje, Windsor Atlântica Hotel). Paralelamente, Claude Troisgros e o *pâtissier* Dominique Guerin integraram a equipe inaugural do Le Pré Catalan. Testemunhos da expedição de Bocuse narram as extremas dificuldades da tarefa, pelas incapacitação da mão de obra nativa e escassez de matérias-primas. Produzia-se uma cozinha de adaptações. Com determinação missionária, Bocuse paliou os problemas e difundiu a revolucionária *nouvelle cuisine*, que jorrava da França para o mundo e da qual foi um dos artífices.

Com Bocuse, veio o habilitado Laurent Suaudeau, que se transformaria em exponencial referência do ofício no Brasil. O Le Saint Honoré, que fechou em 2007, aguaritou e revelou outros prendados, como Pierre Landry. Consolidada a casa, Bocuse retornou ao seu triestrelado L'Auberge du Pont de Collonges, em Roanne. E Suaudeau constituiu o Laurent, em Botafogo, e, depois, migrou para São Paulo.

Quando Bocuse aqui chegou, encontrou Claude Lapeyre, cuja trajetória se confundiria com a do Hippopotamus. Mais tarde, aportaram Roland Villard, que iluminou o Le Pré Catalan, o instável Olivier Cozan, com os seus bons foie gras no Allons Enfants, e Christopher Lidy, funda-

dor do conceitual restaurante-mercado Garcia
& Rodrigues. Por último, desembarcou Pascal
Jolly, criador do Chez L'Ami Martin. Os anos
1980 e 1990 observaram o auge da presença
desta arte francesa na cidade, com o Le Saint
Honoré, o Le Pré Catalan, o Laurent e o Troisgros (pré-Olympe) funcionando, a certa altura,
simultaneamente.

A crise econômica desvitalizou a gastronomia
francesa no Rio, e mudou o seu perfil. Das catedrais sofisticadas e caras, muitas sucumbiram, e
algumas "abrasileiraram" os seus insumos para
tentar sobreviver. A tendência dos bistrôs avigorou-se. A saída de Villard do Le Pré Catalan re-
presentou um baque. Remanescente do período
solar, resta, em atividade regular, Claude Troi-
gros com dedicação civilizatória à boa comida no
adorável Olympe. Jolly, obreiro da voga atual,
mantém-se à frente do seu bistrô. E Guerin ado-
ça a vida com a sua cadeia de *boulangeries*. Landry, Villard, Cozan e Lidy, a despeito de carmas
e de circunstâncias pessoais, no momento, pe-
rambulam por aí e encafurnam os seus talentos
em serviços fortuitos e semiclandestinos, confirmando as asperezas e as oscilações do universo
laboral gastronômico.

Agora, desabrocha geração parental. Os Clau-
des Troisgros e Lapeyre transferem os seus aven-
tais para os respectivos filhos brasileiros Thomas

e Ricardo. Thomas com a árdua incumbência de preservar o único ícone da alta gastronomia francesa que sobrou no município. E Ricardo, após profícuos trabalhos no Laguiole e na Brasserie Laypere, enfrentará o encargo de reerguer o estabelecimento que distinguiu o seu pai, juntamente com ele.

Mesmo despojada da potência e do glamour do passado, a culinária francesa respira no Rio. O francês David Jobert autentica uma comida tradicional surpreendente no Le Bistrot du Cuisinier. Lá, comem-se os melhores *escargots* da cidade. Um dos grandes ativos do local é o cardápio enxuto que se renova frequentemente. Se não fosse pelo frágil elenco de vinhos, poderíamos nos imaginar em um bistrô parisiense.

O brasileiro Pedro de Artagão reforça o time com o Formidable Bistrot, onde o steak tartare e o boeuf bourguignon recebem versões respeitosas das receitas originais. A casa oferta também poucas opções de pratos, mas os substitui com morosidade, o que os torna repetitivos para frequentadores assíduos. A diferença do Le Bistrot du Cuisinier para o Formidable Bistrot fundamenta-se no fato de ser Jobert caudaloso reprodutor de uma cultura gastronômica familiar, enquanto Artagão é intérprete. No mais, Artagão aviva outras raízes culinárias em salas distintas, o que o obriga a socializar criação e tempo.

Sem chefs carimbados, a rede Le Vin cumpre o seu papel. Uma carta ampla abriga os clássicos de um digno bistrô. Algumas coisas são mais bem-feitas do que outras, mas todas buscam honrar a sua gênese.

No Rio, os legatários de Bocuse cederam espaço e prestígio para os artesãos das cozinhas contemporânea e italiana, sobretudo nos ambientes requintados. Hoje, com sotaque francês, só o Olympe empertiga-se entre os restaurantes diferenciados.

5/11/2016

Prêmio aviva culinária do Rio

Todos os laureados no 14º Prêmio Rio Show de Gastronomia fizeram jus aos cinco garfinhos. Como jurado estreante na modalidade restaurantes, optamos por alguns não agraciados. Reconhecemos, contudo, que não há dúvidas sobre os méritos dos vencedores. Processos eletivos são complexos, e vão além de cotejar pessoas e coisas e de mesclar objetividades e subjetividades. Minha geração dividiu-se, por exemplo, perante o inútil e abstrato dilema de tentar escolher o maior entre Caetano Veloso e Chico Buarque, dois geniais titãs da MPB. É normal que haja preferências e idiossincrasias em tudo; elas, por si, porém, não sagram superioridades incontestáveis, notadamente entre virtudes atestadas ou legitimadas. Abaixo comentaremos a respeito das premiações e de alguns dos nossos votos.

A vitória do Oro na categoria "Novidade" nos surpreendeu. Não pela qualidade do recinto, que teria condições de ganhar como o destacado

"Contemporâneo". Muito menos por duvidar da engenhosidade de Felipe Bronze, que não causaria estranheza se tivesse se apossado do galardão de "Chef do Ano". Surpreendeu-nos como conceito de espaço fresco, já que é renomado há um tempinho. Esse entendimento esfiapou-se, felizmente, pela sábia interpretação de três mulheres (Ana Cristina Reis, Luciana Fróes e Nélida Piñon) inteligentes, sensíveis e conhecedoras do assunto, que conferiram ao endereço do Leblon o status de um ambiente inédito, e não simples extensão do antigo. A decisão delas confortou-nos, pois havíamos, primeiramente, ponderado o Oro como a mais atraente "Novidade", mas reconsideramos a inclinação por tolo preciosismo semântico. Não refutamos a indicação que abraçamos do noviço Le Bistrot du Cuisinier para a posição, mas a eleição do Oro cercou-se de justiça, que também poderia ter alcançado o Eleven Rio.

Algumas classes são muito difíceis de serem diferenciadas. Os reputados santuários italianos do Rio equiparam-se. Distinguir um ou outro é mais capricho pessoal do que ilação empírica. O êxito do Gero é pertinente. Votamos no Fasano Al Mare, outro equipamento da família Fasano, que é a principal responsável por acurar os padrões de profissionalismo nos salões do Rio. Não por acaso, o Gero também logrou no item "Serviço". O que nos alegrou na triagem do sublime "Italiano", no entanto, fora, digamos, o vice-campeonato do D'Amici, que perdeu para o Gero por apenas uma citação. O D'Amici talvez seja a singular cozinha mais subvalorizada da cidade. Por isso, festejamos o desempenho da empresa do estoico Antônio Salustiano.

No quesito "Carne", a disputa emparelha-se. Os atributos do Esplanada Grill impuseram-se novamente, e o laurel foi merecido. Como o seria, se o aquinhoado fosse o Giuseppe Grill, o Corrientes 348 ou o Rubaiyat Rio. Sem desvaliar o Esplanada, sua rotineira supremacia baseia-se mais em acomodação do que na patente diferença dos seus produtos em relação aos rivais. Esses domicílios equivalem-se, e trabalham com uma matéria-prima central de bom nível, embora irregular. Neles, não há garantias de que o excelente corte de hoje bisar-se-á amanhã.

Rafa Costa e Silva coletou o título de "Chef do Ano", e ainda viu o Lasai ser coroado como o proeminente templo "Contemporâneo", tornando-se o grande campeão da efeméride. Afora possuir técnica afinada e cultura gastronômica, como os seus concorrentes, ele parece mais focado. Suas obstinações e ambições são evidentes e produtivas. O fato de cuidar de uma só instalação lhe permite plena dedicação aos seus propósitos. A disciplina de Rafa Costa e Silva nos inculca a sensação de que ele está determinado a ocupar o posto de número 1. O curioso é que, a despeito da cabal consagração do Olympe (oito votos de dez) como o melhor "Francês", Claude Troisgros não foi citado por nenhum votante na seleção de "Chef do Ano". Claude já angariou todas as honras, e não lhe faltam credenciais e reconhecimentos. Ele é um dos inspiradores da evolução da gastronomia carioca, e comanda, no nosso entender, restaurante inigualável na cidade. Talvez, comece a se formar em torno dele uma aura de *hors-concours* e a impressão de que o seu papel, no momento, é mais educativo e empresarial do que criativo. Esperemos que não.

Avaliaram-se treze distinções no capítulo restaurantes. Em quatro, contemplaram-se grifes criadas há mais de três décadas – Olympe ("Francês"), Sushi Leblon ("Oriental"), Satyricon ("Peixe e Frutos do Mar") e Antiquarius ("Couvert"). O Esplanada Grill, vitorioso no tópico "Carne", tangencia o trigenário. E o Gero, triunfante nas referências "Italiano" e "Serviço", caminha para os 15 anos. Metade dos recompensados já se inscreveu na história gastronômica da cidade pelos seus ótimos e consistentes préstimos. Por um lado, a longevidade dessa casta de premiados confere a sensação de solidez da mesa carioca. Por outro, demonstra as limitações de renovação nos patamares alterosos.

O Prêmio Rio Show de Gastronomia e o evento que o badala – o Rio Gastronomia – significam estímulos colossais ao setor, tanto do ponto de vista dos produtores do business culinário como dos consumidores. Colecionar glórias diviniza, mas o fundamental é celebrar o metiê que se consolida como um dos máximos ativos da Cidade Maravilhosa.

3/12/2016

O encanto da mesa de hotel

Os brasileiros não têm o hábito de frequentar restaurantes de hotéis. Os cariocas, especialmente. Não lhes faltam motivos, que vão desde a preferência por lugares descortináveis – graças ao deslumbre da cidade – até o desconforto com a pompa que encapa esses estabelecimentos.

Hoje, porém, fração expressiva do melhor da culinária mundial entoca-se em grandes hotéis. Há racionalidade nisso. Estalagens elegantes, pretensiosas e caras não podem prescindir de mimosear os seus hóspedes com mesa compatível. Em paralelo, supõe-se que a operação seja, comercialmente, vantajosa para chefs competentes, com capacidade de atrair ainda a clientela externa. Na meca gastronômica Paris, dos dez restaurantes triestrelados na última edição do *Guia Michelin*, quatro abrigam-se na rede hoteleira.

Peregrinações internacionais levaram-nos a algumas cozinhas albergadas. Experiência transcendente aconteceu quando manjamos no Alain Ducasse au Plaza Athénée, em tempos de surrealismo monetário, com o recém-criado real mais valorizado do que o euro. A comezaina foi prefaciada por lagostins e caviar ossetra, mancomunados com Billecart-Salmon Brut Rosé. De prato principal, tian de cordeiro à la parisiense, acompanhado de Château Montrose de beberagem, seguido de seleção de queijos. Na sobremesa, o famoso babá ao rum (Matusalem, o adotado), com Château Suduiraut, ouro líquido de Sauternes. Para arrematar o enlevo, o armanhaque Casterède.

Outra prova memorável sediou-se no Pierre Gagnaire, também em Paris, em estação de matérias-primas multiplicadas. Escolhiam-se os elementos centrais das entradas e dos pratos principais, e o chef os preparava de quatro maneiras diferentes. No começo, optamos pelas vieiras, exacerbadas pelo Chassagne-Montrachet. Depois, os patos matrimoniaram-se com um Vosne-Romanée. Sobremesas à base de baunilha dançaram com um Jurançon moelleux.

Não nos sai da cachola a lembrança de almoço no lindo salão do histórico Hotel Metropol, em Moscou, no século passado. Blinis com caviar beluga, borsch com creme azedo e guisado de veado encantaram a tarde álgida e nostálgica, em que um ritual de vodcas e de vinhos ríspidos da Geórgia nos conectou com o patriarca da Igreja Ortodoxa Russa.

Em noite de escurecer moroso, desfrutamos de um pôr do sol sobre o Coliseu e de inesquecível jantar no Aroma, encimado no Hotel Palazzo Manfredi. Em atmosfera digna do filme *A grande beleza*, seduziram-nos com o menu degustação, que se fez levar pelos vinhos Cervaro della Sala, Barolo Lazzarito Riserva e Marsala Superiore Oro. Em Berlim, lagostim, robalo, timo (conhecido como molleja, sweetbread ou ris de veau), cordeiro e maçã assada compuseram o repasto no Fischers Fritz, tendo como bebes bons vinhos e aguardentes alemães de nomes impronunciáveis e esquecíveis. Em Buenos Aires, somos fiéis ao Tomo 1.

Na Europa, é comum, inclusive, excelentes restaurantes inspirarem romarias e serem a razão da existência de muitas hospedarias, sobretudo nos lugarejos e nas cidades medianas. Estivemos, por exemplo, no Le Coquillage, em Cancale, praticamente só para comer ostras e ormeau (um tipo de marisco), com um luminoso sauvignon blanc do Loire. Em Reims, mais do que conhecer a sua estupenda catedral, o pretexto da visita era participar de missa gastronômica no Les Parc Les Crayères, com champanhes distintos.

No Rio, a culinária hoteleira acanha-se. Poucas casas se destacam. A presença mais sólida tem sotaque italiano – Alloro, Cipriani e Fasano

Al Mare. A babel asiática representa-se bem no Mee. A saída de Roland Villard do Le Pré Catalan abalou o recinto e desvigorou a delegação francesa.

No Fasano Al Mare, come-se uma das melhores entradas da cidade: a stracciatella de burrata, com atum cru, limão siciliano e figos caramelizados. O arranjo improvável transforma-se em magia pela propriedade dos insumos, com o toque sutil do limão sobre peixe e com a correta caramelização da fruta. Essa stracciatella é uma obra de arte, que nos transporta para estados nirvânicos. É quase como saborear *Moça com brinco de pérola*, de Vermeer. O linguine Napoli com cavaquinha e o confit de leitão são outras iguarias assinadas pelo chef Paolo Lavezzini.

No Alloro, o chef Luciano Bosseggia prepara um pente de cordeiro em crosta de ervas impressionante. Seus risotos e suas polentas também se salientam. A polenta taragna com queijo taleggio e trufas negras é comemorável.

A profusão de tendências orientais pode gerar irregularidades no Mee. O menu degustação do chef Kazuo Harada sobreleva-se à função à la carte, embora o ovo de codorna protagonize em demasia. Os sushis revelam-se criativos e apetitosos, notadamente o de barriga de salmão com trufas brancas e negras, o camarão com missô e o vermelho com ameixa japonesa e shissô.

Não embirramos com restaurantes de hotel, desde que a comida justifique. Em geral, eles modelam-se em ambientes clássicos que se compatibilizam com o nosso espírito. Ressentimo-nos é quando a baixa assiduidade produz locais inanimados e ameaça a qualidade do atendimento.

P.S.: A todos, um 2017 menos traumático e mais reflexivo sobre as práticas fascistas que se instalam – à direita e à esquerda –, com o ativismo de uma classe média afrontada, desiludida e iracunda.

7/1/2017

Os pratos de nossas vidas

A Thalma Carvalho de Siqueira

Recentemente, o jornal *O Estado de S. Paulo* reuniu especialistas para selecionar os cem melhores pratos dos restaurantes da capital paulista. Vários elementos contribuem para a avalição de um prato, que vão desde os valores gastronômicos intrínsecos até as ambiências espiritual, física e temporal em que ele é feito e apreciado. As refeições que nos marcam, portanto, submetem-se a caprichos diversos, com os critérios objetivos, às vezes, fazendo concessões aos arroubos randômicos. "O homem é o homem e a sua circunstância", já sentenciara o filósofo espanhol Ortega y Gasset. Os pratos também dependem de suas contingências. Minutar um inventário dos repastos relevantes, ao longo da vida, torna-se impossível, pelos distintos contextos e pelas recordações que se esvoaçam. No máximo, esboça-se uma súmula.

Da infância, lembramos, com euforia, do rim com canjiquinha (lindamente, amarelinha), do miolo de boi à milanesa, do bacalhau à portuguesa e da dobradinha com batata preparados pela mãe. Amentam-se ainda o frango ao molho pardo com angu, o robalo assado com arroz de forno e sempre muito ovo estrelado, com a gema explodindo ao beijo do pão.

Há ocasiões em que os pratos se destacam ao desvelar a quintessência, até então desconhecida, das matérias-primas que os compõem. Tivemos experiências singulares, por exemplo, ao mordiscarmos, pela primeira vez, carne no ex-La Cabaña, em Buenos Aires, e no Peter Luger, em Nova York, onde uma sensação de ineditismo possuiu-nos. O mesmo ocorreu com os patos traçados no Le Fouquet's e no La Coupole, casas medianas de Paris. Nesses casos, o que se revelou – mais do que técnica apurada – fora um espécime superior da ave; infinitamente, melhor do que os consumidos aqui. Adoramos pato, mas os nativos são de famílias descarnadas e impróprias para o prazer da boa mesa. Por isso, os degustamos mais além-fronteiras e também nas opções orientais; como os patos a Pequim do Lao Sze Chuan, em Chicago, e com molho de laranja do Shun Lee Palace, em Nova York. Os empórios chineses internacionalizados, porém, já foram mais satisfatórios.

A vitela é outro insumo deficiente no Brasil, apesar do prestígio dos nossos bovinos. Ela não tem a maciez e a coloração dos seus congêneres europeus. Tratando-se de vitela, evocamos o escalope de veau à la façon du patron do Old Swiss House, em Lucerne; uma bela peça rosada e fininha passada em ovos e em farinha com queijos. Já os cordeiros pátrios contentam. Em seus devidos tempos, causaram-nos excelente impressão a perna do Antiquarius, o stinco do Locanda Della Mimosa, o pente do Alloro e as paletas do D'Amici e do Alvorada, em Araras. No Au Trou Gascon, em Paris, enterneceu-nos um exemplar dos Pirineus. Costeletas mágicas arrebataramnos no restaurante do Hermitage Hotel aos pés do Mont Cook, na Nova Zelândia.

Despencam ainda da memória as rãs do Conventual e o faisão do Gambrinus, ambos em Lisboa; a perdiz do Zalacain e o rabo do touro do El Amparo, os dois em Madri; o ancho de wagyu do Osso Carnicería & Salumeria, em Lima; a bisteca fiorentina do Buca Lapi, em Florença; a morcilla do El Patacón, em Bariloche; o ossobuco do Boeucc, em Milão; a molleja inaugural no Chiquilín, em Buenos Aires; o nhoque de mandioquinha do Maní, em São Paulo; o pombo do Alain Ducasse e a codorna do L'Atelier de Joël Robuchon, entidades parisienses. E os foie gras que nos tentam? No Rio, as terrines do Olympe e do Eleven Rio deleitam. Nós os preferimos, contudo, naturais e quentes, como os provados no Jacques Cagna, em Paris, harmonizados, ritualisticamente, com quatro classes diferentes de Porto.

Das águas, reverenciamos os lagostins grelhados do D'Amici, as vieiras canadenses do Nam Thai, o sushi de agulhão-branco do Sushi Leblon, o robalo do Roberta Sudbrack, o bacalhau à patuscada do Alfaia, o atum cru com burrata e figos do Fasano Al Mare, as lulas e vieiras com nhoque do Gero, o polvo grelhado do Satyricon e a salada de frutos do mar ao vapor do Duo. De outros oceanos, seduziram-nos as ostras do Maine do Grand Central Oyster Bar, os lagostins neozelandeses do Marea e o caldo de mexilhão do Momofuku Ko, em Nova York; o turbot do Divelec, em Paris; e a merluza-negra do Aquí Esta Coco, em Santiago.

E há aquelas refeições casuais em lugares simples, como a composta por foie gras e maçã, iluminados pelo Château d'Yquem, em uma taberna de Sauternes. E a notável centolla que conhecemos em palafita na ilha de Chiloé, no Chile. Há o carabineiro (tipo de camarão avermelhado) devorado às margens do Lago de Albufera, perto de Valência. E o porquinho agridoce, de cinco dólares, nas entranhas de Chinatown, em São Francisco. E a vieira royal em cova asiática no Soho londrino. Há os mexilhões de Galway, na Irlanda. E o caviar que nos espiritualizou, em São Petersburgo, em recinto cujo nome era um número de três dígitos, que a vodca embaralhou.

Como diria o Rei, são muitas emoções; algumas não couberam neste espaço e outras perderam-se nos desvãos da mente. É óbvio que nem todas passaram por um crivo racional de qualidade, e parte desses pratos e locais sequer existe mais. Todavia, existirão sempre como astros da nossa sentimental galáxia pessoal. Não por acaso, tudo começou com muito ovo estrelado. Obrigado, mamãe.

4/2/2017

Nossa dívida a Claude Troisgros

Quando Roberta Sudbrack abriu restaurante no Rio, Claude Troisgros contabilizava quase três décadas de bons serviços por aqui, e referenciava. Durante período sincrônico, os dois avultaram-se como os proeminentes chefs da cidade. Agora, ele anuncia aposentadoria das caçarolas – mas, não dos negócios –, e ela fecha o seu renomado RS, prenunciando um 2017 descorado para os gourmands cariocas. A dupla renúncia configura-se em perda expressiva no rarefeito ambiente dos escalões elevados da gastronomia local.

Ambos explicaram as suas decisões. As justificativas de Claude são naturais. Originário de clã e de pátria vocacionados para a culinária, ele está na estrada há muitos anos e já se domiciliou no panteão dos principais artesãos do ofício no Brasil. Claude fez história, redesenhando a *nouvelle cuisine* com insumos nativos e honrando a supremacia técnica da academia francesa. Pelo vasto tempo doado à sua missão civilizatória e pela indiscutível competência, não estaremos exagerando em considerá-lo o nome mais relevante para o desenvolvimento da gastronomia no Rio. Ademais, habilitou o filho Thomas para tocar o Olympe, seu empreendimento medular, e continua na retaguarda administrativa do grupo. Resta a Thomas fazer jus ao DNA familiar e manter o Olympe nos píncaros, o que, convenhamos, não é tão fácil.

As motivações de Roberta, segundo o divulgado, são mais complexas, pois juntam transtornos financeiros e aflições pessoais. As vicissitudes econômicas se abatem sobre todos. Algumas casas caras, contudo, como o Olympe e o Lasai, conseguem sustentar os salões sempre animados; o RS, ultimamente, não. Na nossa opinião, o declínio da frequência no RS fora consequência dos desprazeres e inquietudes da chef, e não causa. Das últimas três vezes em que lá comparecemos, uma comemos, desgraçadamente, mal e duas, burocraticamente. Consigne-se: em nenhuma delas a chef estava. Embora fôssemos – e ainda somos – devotos das aptidões da Roberta, a impressão que tínhamos era de que ela se cansara daquela faina, preferindo se dedicar aos seus outros expedientes. Pouco antes de cerrar as portas do RS, em registro neste jornal, a chef falara algo do tipo "tudo cansa um dia", expondo o seu estado de espírito e confirmando a intuição que sentíramos.

Como todo prodígio inconformado, Roberta Sudbrack arrasta desassossegos criativos e filosóficos, questionando o que considera a mesmice imaginativa no formato dos menus degustação e as limitações do alcance social de uma comida transcendente e onerosa. Essa discussão pode ter cabimento entre os iniciados. Na prática, porém, não há receita padrão; cada um age como lhe aprouver dentro de suas circunstâncias. Na perspectiva do cliente, quanto mais opções, diversidade e liberdade de escolhas, melhor. Que qualquer chef sinta comichões existenciais, ok. Ele que alinhe, em trajetória produtiva, os seus predicados, esforços e consciência com as contingências. Se o trabalho resultante for positivo, todos têm a ganhar. O que se deve evitar são o fundamentalismo de verdades enclausuradas, o empoderamento de doutrinas excludentes e o xamanismo cosmético e midiático, condutas em voga em alguns núcleos gastronômicos. As pessoas querem é comida boa e, de preferência, a preços não extorsivos. Roberta é chef ambiciosa e diferenciada, mas, provavelmente, angustiada pelo desejo de transpor os altíssimos limites que grimpou. Certamente, reencontrará o caminho e a felicidade em novos desafios, para o contentamento dos seus inúmeros admiradores, como nós, pois talento não lhe falta. Não será "fetichizando" jilós e taiobas, entretanto, que ampliará o seu público.

Por mais alacridade que encontre nas suas fantasias alternativas, seria um desperdício Roberta Sudbrack despir-se totalmente do traje de gala. É como artista refinada que reluz. Os aspargos brancos em caramelo picante, os lagostins com canjica e caviar, o robalo com cebola e bouillon de jambón, o leitão assado com tomilho e a mágica sobremesa Divino Maravilhoso, com chocolate branco, telha de rapadura, licuri e framboesa, compõem um acervo de obras de arte inesquecíveis. Por melhores que sejam o SudDog e afins, Roberta edificou a sua lenda na alta gastronomia. Se não retornar ao universo que a consagrou, o seu status profissional corre o risco de declinar.

A despeito de narrativa própria, a conjuntura vivida por Roberta Sudbrack é didática. Ao contrário do que muitos pensam, no Brasil, a atividade gastronômica é sacrificante e competitiva, notadamente para chefs afamados, que precisam de dedicação sobre-humana aos seus recintos, e ainda dispor de tino empresarial. Em razão de rotina intensa e estressante, em meio à restrição de produtos e à mão de obra volátil e precária, compreende-se quando um chef cambaleia ou joga a toalha. É demasiada transpiração para relativa recompensa, sobretudo a longo prazo. O glamour que adorna este mister, geralmente, é ilusório e meteórico. Basta listar os grandes artífices que trocaram o proscênio pela coxia ou, simplesmente, desapareceram. Por isso mesmo, mais entusiásticos devem ser os aplausos para Claude Troisgros, no instante em que se retira do palco, sem nunca ter deixado a boca de cena em quase 40 anos.

4/3/2017

A arte inspira boas refeições

Por motivos profissionais e, até, por opção, viajamos sozinhos ao exterior algumas vezes. Remediávamos a falta de companhia com o fervor de escarafunchar museus, balés, concertos e restaurantes. Todos esses lugares compunham o relato lírico das viagens. A maior compensação, contudo, era manjar como um príncipe, deixando que as boas comidas e bebidas monarquizassem a nossa alma. Neutralizávamos a sensação de solidão com refeições infrequentes. Seguíamos praxe simples: se estamos sós, melhor deve ser o jantar. Para o exercício pleno dessa prática, tão importantes quanto a qualidade dos repastos e dos alcoóis eram as condições espirituais, assanhadas por incursões no universo artístico. Assim, protagonizamos parte da nossa melhor vivência gastronômica.

Come-se bem na Península Ibérica, em qualquer faixa de preço. E, em Madri, há extraordinários museus. Harmonia perfeita. No Reina

Sofia, morada do pungente *Guernica*, vimos, pela primeira vez, *Tteia*, obra capital da brasileira Lygia Pape, e passamos a admirar Balthus. No Prado, entre os nossos prediletos, estão os Velázquez, o *Adão e Eva*, de Dürer, e os Goyas, das fases claras e lúdicas, ao contrário do gosto de diversos especialistas, que distinguem os ciclos tormentosos e negros do gênio aragonês. O Thyssen-Bornemisza fascina por exibir uma coleção familiar, que reúne cerca de mil objetos garimpados desde o século XIII, propiciando um painel generoso da história da arte. Citamos esses ambientes para exemplificar o âmago da inspiração que, normalmente, precedia o ato de se alimentar nessas jornadas.

Contaminados pela atmosfera cultural, partíamos para os restaurantes, ansiosos para integrá-los a ela, idealizando um combo sensorial. Assim, ajuizamos o menu degustação do Sergi Arola Gastro, na capital espanhola, onde nos lambuzamos com uma aquarela de anchovas, mollejas, tilápia com vieiras, cordeiro e musse de café, com vinhos do Priorat. Das inúmeras provas auspiciosas em Madri, essa, provavelmente, fora a maior. Também saboreamos jantar marcante no Zalacain, com um acetinado presunto pata negra, de entrada, e uma sedutora perdiz, de prato principal, acompanhados pela tradição do Marqués de Murrieta Reserva. Em Lisboa, após incorporarmos Luís de Camões, Fernando Pessoa e seus heterônimos ("Para ser grande, sê inteiro", Ricardo Reis), no Mosteiro dos Jerónimos, dialogamos com o untuoso queijo serra da estrela e com o pomposo faisão do Gambrinus, acasalados com um vinho de Colares, região louvada por Eça de Queiroz.

Em Florença, uma orgia com Botticelli, Caravaggio, Leonardo da Vinci, Michelangelo e Piero della Francesca, na Galleria degli Uffizi, nos erotizou para traçar a renomada bisteca fiorentina do Buca Lapi, enriquecida por um Solaia, nosso tinto preferido na Bota. Em Roma, a Capela Sistina (novamente, Michelangelo) e as Salas de Rafael, no Museu do Vaticano, prefaciaram o Raffaello de foie gras (estupendo bombom de foie gras com nozes, que faz jus ao homenageado), o raviolini de mascarpone com ragout de pato, o leitão com batatas, cardoncelli e molho de trufas negras e o tiramisu do All'Oro, mediados por Brunello di Montalcino e Torcolato.

Em Paris, as fontes de sinergia são várias. Um quarteto de cordas interpretando Vivaldi, na belíssima igreja de Sainte-Chapelle, antecipou inspeção do folclórico e delicioso pato numerado do La Tour d'Argent. A extraordinária exposição sobre Yves Saint-Laurent, no Grand Palais, nos inspirou a buscar um espaço elegante à altura do admirável estilista e fomos parar no lindo e aristocrático Grand Véfour, para almoço clássico com louças e pratarias imperiais: terrine de foie gras, frango de Bresse e suflê de Grand Marnier, assistidos por Pommard e Château de Monbazillac. Uma versão de *O lago dos cisnes*, de companhia belga de dança, no Opéra, com aquele teto deslumbrante de Marc Chagall, influenciou comezaina celestial no L'Atelier de Joël Robuchon, em Saint-Germain. Do menu degustação, constavam sardinhas, ovo em creme de cogumelos, ravióli de lagostim, leitão, codorna recheada com trufas e esfera de chocolate, com beberagens surpreendentes orientadas pelo sommelier. Impossível assinalar qual é o melhor restaurante de Paris. Desprovido de afetações, o L'Atelier de Joël Robuchon perfila entre os primeiros, com a vantagem de acolher o comensal solitário em seus balcões, coisa rara nos salões certificados e emproados da Cidade Luz.

No contexto de comer na extensão de programa edificante, São Petersburgo afinou memorável experiência holística. Depois de flanarmos, embasbacados, pelos labirintos do indescritível Museu Hermitage e de assistirmos a um concerto com peças de Shostakovich, no Teatro Mariinsky, ainda nos restou o privilégio de mascar pérolas de esturjão com champanhe Veuve Clicquot, no restaurante do hotel, em frente ao golfo da Finlândia, em temporada do fenômeno

Sol da meia-noite, quando o astro-rei cintila as 24 horas do dia e nunca escurece. À medida que o caviar alegrava as papilas e a bebida nos divinizava, mais encontrávamos razão para vivenciar as belezas do mundo. Da Rússia, namoricando a Finlândia, encantados e meditativos, nos demos conta de que nunca estivéramos tão longe de casa nem tão perto de nós.

1/4/2017

Quando os restaurantes viram franquias

Balança a alta gastronomia no Rio. O sismo origina-se na crise econômica, mas outras peculiaridades influenciam. O processo despontou com o fechamento do Le Pré Catalan. Depois, vieram os afastamentos rotineiros, por razões de saúde, de Antônio Salustiano do D'Amici, a aposentadoria de Claude Troisgros do Olympe, o fim do RS e a saída de Luciano Boseggia do Alloro, afetando cinco dos restaurantes reverenciados da cidade. O D'Amici sustenta-se pela larga cultura de notáveis ofícios não autorais. Já o Olympe precipita-se em tempos de provação. Apesar de talentoso, Thomas Troisgros não desfruta do carisma do pai, que se fusionou com a marca. A tarefa de Thomas é maior do que estar à altura da maestria de Claude; ele precisa também impor a sua persona.

O Cipriani testa o chef Nello Cassese. Desde Francesco Carli, a casa não acerta a mão, com os comensais saindo mais impressionados com a beleza da piscina do Copacabana Palace do que com os manjares. Come-se bem lá, mas sem interjeições e aquém do sugerido pelo ambiente. No Cipriani, existe ainda a dissonante mesa do chef para escassos privilegiados dentro da cozinha. O cediço curralzinho pode indispor os demais clientes que carecem de cuidados privativos.

A política de crescimento de alguns chefs e empresários do ramo influi nas mudanças em curso. Os Troisgros construíram uma rede de estabelecimentos convencionais, amparada na consagração do Olympe. Pedro de Artagão aproveitou-se do merecido êxito do Irajá Gastrô para semear o apreciável Formidable Bistrot, o anêmico Cozinha Artagão e o caro quiosque Azur. Felipe Bronze realocou o admirável Oro e repaginou o Pipo para melhor. Em geral, no rastro do sucesso do negócio central, enfileiram-se outras firmas com propostas distintas em conceitos, aspirações e preços. É lícito que um empreendedor queira maximizar as possibilidades de lucro, mas a multiplicidade de empresas pode lesar a categoria de seus préstimos. Entendemos que essa ampliação segue uma tendência mundial que democratiza a oferta de nível, mas, concomitantemente, abre as portas para possível depreciação qualitativa nas salas aclamadas, principalmente, no nosso caso, onde a mão de obra é, majoritariamente, inepta e inconstante.

Por ser associado a excelentes *restaurateurs* – e não a chefs –, o grupo Fasano difere-se um pouco na estratégia. O clã organiza os seus empreendimentos com padrões culinários e arquitetônicos aproximados. O Gero e o Fasano Al Mare são superiores aos Geros Trattorias da Barra e do Leblon, mas os serviços remetem aos paradigmas Fasano. Esse simulacro de igualdade faz com que a chancela Fasano seja, a priori, percebida positivamente em seu conjunto. Inteligentemente, não há ênfase no domicílio principal nem nos seus puxadinhos. Todos estadeiam a heráldica do império, e isso basta.

Insubmisso à onda expansionista, encontra-se o solitário Rafa Costa e Silva, que preserva dedicação única ao encantador Lasai e tem a sua estoicidade reconhecida.

7/5/2017

Tsuyoshi Murakami, arigatou gozaimasu

Fizemos excursão gastronômica em São Paulo. As raízes italiana e japonesa continuam arraigadas e vigorosas. Encorpa-se, agora, a matriz caipira, síntese das culturas regionais e interioranas que ocuparam a capital. A Casa do Porco Bar, Esquina Mocotó e Dalva e Dito são alegorias dessa linhagem, que se expressa na breguice pós-moderna de suas autodenominações. Dalva e Dito ficou aquém da expectativa ensejada pela estrela no *Michelin*. O lugar é feijão com arroz. A Casa do Porco Bar, do chef Jefferson Rueda, proporciona experiência inusitada, válida e barata, com o suíno onipresente. Uma apetitosa linguiça de molejas abriu o caminho para o singular e saborosíssimo torresmo de pancetta com goiabada picante. Na continuidade, o carro-chefe do local: o porco à Sanzé com tutu, tartare de banana e couve, que contenta, mas não deslumbra, pelo convencionalismo de sua comitiva. De sobremesa, um bom Romeu e Julieta, com goiabas brancas e vermelhas. Na lubrificação geral, uma intrigante Cupuaçu Sour.

Nem tudo é ensaiada simplicidade nesta vereda abrasileirada. O celebrado e caríssimo D.O.M., do pregador nacionalista Alex Atala, assoma como referência. Lá, nos deleitamos com o menu Maximus, de quinze cursos, com harmonização fecunda, com cada etapa se fazendo acompanhar por uma bebida, longe dos preguiçosos conúbios que concebem um vinho para dois ou três pratos. Robalo com açaí e cará, lagostim em redução de puxuri e o pirarucu com cebola e pimenta-de-cheiro destacaram-se. Entre os bebes, avultaram-se o Chablis Premier Cru Côte de Lechet 2002 e o Arbois Savagnin 2012. Felizmente, sem burlescas tanajuras, o cardápio da temporada confirma a reputação de Alex Atala. O Maní também cultua o esmero. O nhoque de mandioquinha e araruta e a sopa fria de jabuticaba com lagostim sobressaíram-se nas entradas. A bochecha de boi com purê de taioba e o polvo na brasa eram escorreitos. Imperdível é o creme de iogurte com chocolate branco, pérolas de lichia e sorbet de pepino na sobremesa. O melhor do Maní é o menu degustação, que só se exibe no jantar. O estabelecimento da chef Helena Rizzo desfila comida contemporânea e ambiciosa como ela.

Fomos tocados por novas e profundas empatias no Kinoshita, do talentoso chef Tsuyoshi

Murakami. Sentamos ao balcão, o que fez grande diferença pela interação com o performático chef. E optamos pelo cativante omakase, enriquecido por shochu, birita japonesa destilada de arroz ou de cevada (mais feminina), com graduação alcoólica de cerca de 25 graus. Com sua kappo cuisine, Murakami ousa mais do que o mestre dos niguiris Jun Sakamoto, que pretende se mudar para Nova York. Dos bocados mágicos, levitamos com ostra, gema de codorna e ikura em molho de limão e com polvo, camarão e pesto de shissô. Os sushis desassossegam como beijos em sonho. Durante o rito saturnal, ouvimos o artista japonês deplorar a limitação de matérias-primas no Brasil. "O que vou fazer? Sentar e chorar? Não. Eu vou é trabalhar", consolava-se. Trabalhe, Murakami. A Revista *Ela* agradece. *Arigatou gozaimasu.*

21/5/2017

Antônio Salustiano e Jim Jarmusch

Acompanhamos o trabalho do competente Antônio Salustiano desde que ele era garçom do extinto Grottammare, em Ipanema. Depois, Antônio peregrinou e se graduou. Em 1999, como sócio e chef, participou do regimento de cearenses que inaugurou o D'Amici, que é um dos mais regulares restaurantes da cidade. A despeito das manifestas qualidades gastronômicas, o D'Amici é subvalorizado. Ele demanda personalidade identitária saliente, que afirme a sua estirpe italiana com realce nas riquezas oceânicas. O reduto não possui marcas. Quem pensa em uma casa italiana ou procura um ambiente de frutos do mar, dificilmente o considera, embora não lhe faltem predicados para atender essas e outras aspirações. Para muitos, o estabelecimento carece ainda de conexões atrativas, com um elenco mortiço nos salões e um chef gerente desglamourizado e, agora, vitimado, cruelmente, pela diabetes, o que o afasta da rotina e fragiliza o local. Apesar das debilidades circunstanciais, o D'Amici é lugar para quem gosta de comida acima de tudo, e relativiza a monomania das gourmetizações e das vogas estacionais.

Considerando-se os elementos marinhos, poucos se lhe igualam. Os lagostins grelhados não têm concorrentes na cidade. E a procissão marítima de bons pratos é alentada: ceviche de vermelho, carpaccio trimare, polvo ao vinho branco com aspargos, robalo ao cartoccio, cavaquinha com molho de escargot etc. Entre os produtos da terra, a famosa paleta de cordeiro, que já foi melhor – provavelmente, afetada pela troca de fornecedores –, e um abusado avestruz. Em geral, os acompanhamentos desnivelam. E as massas não provocam suspiros, se bem que corretas. Nos doces, sobreleva-se o tiramisu. A carta de vinho é despersonalizada e oscilante. Podem-se encontrar a alegria e os aromas cítricos da alvarinho no português Muro de Melgaço ou os domados taninos da nebbiolo no italiano Pio Cesare, mas prevalecem as garrafas sem lampejos.

O D'Amici é único. Não tem chef midiático nem gente antenada e bacaninha nos serviços. Os seus funcionários parecem sair de um congresso de protéticos. O recinto também não reproduz filiais e genéricos. Pelas propriedades exclusivas e por oferecer boa comida, gostamos de apresentá-lo a visitantes. É restaurante caro, mas não indecente como os seus congêneres no Rio.

Curiosamente, a evocação de Antônio Salustiano nos ocorreu ao assistirmos ao maravilhoso filme *Paterson*, de Jim Jarmusch. Fomos sensibilizados pela simplicidade poética daquele ecossistema descorado e pela linda relação entre os protagonistas, em que não há espaços para adstringências, intolerâncias e espumas metafóricas, somente para um profundo amor confortado na compreensão. Os questionáveis dotes culinários da personagem Laura sucumbem diante do entusiasmo com que ela prepara os seus cupcakes e customiza a sua existência insípida. Esse apego apaixonado e transcendente pelo seu fazer é que associamos ao singelo Antônio Salustiano, um dos maiores operários da gastronomia carioca. Que a vida lhe seja mais leve.

4/6/2017

Roqueiros, truta do ártico e "Insensatez"

Somos galófilos gastronomicamente. Em Nova York, porém, pela profusão de diversidade à mesa, preferimos explorar as raízes culinárias apoucadas ou inexistentes no Rio. Priorizamos restaurantes chineses, tailandeses, indianos, escandinavos, gregos etc. Apesar de disciplinados em cumprir o roteiro "alienígena", deslizamos, às vezes, pelo circuito dos franceses, italianos, japoneses e steakhouses.

Em recente visita, conhecemos o admirável Gabriel Kreuther, com cozinha alsaciana plasmada pela contemporaneidade nova-iorquina. No menu de quatro cursos, destacaram-se o excepcional esturjão defumado com tartare de chucrute e mousseline de caviar e os camarões grelhados com aspargos verdes e nuvem de cardamomo. Vinhos brancos alsacianos irrigaram o repasto. O lugar ambienta um extraordinário serviço, coreografado pela eficiência de seus funcionários. A clientela alardeia-se próspera e contente, como aquela senhora que teatralizava como se fosse uma cantora bem-sucedida, insinuando-se feliz com a vida e querendo provocar a inveja alheia.

O ranqueado nórdico Aquavit é, evidentemente, uma casa superior. No entanto, a abundância de acidez nos caldos e de defumação nas proteínas – provavelmente, por razões ancestrais de sobrevivência – colidiu, suavemente, com o nosso paladar. Terrine de pato ao zimbro, truta do ártico com ervilha e cordeiro com a hortaliça dente-de-leão compuseram a base da comezaina, hidratada pelos vinhos branco francês Herri Mina Irouléguy e tinto australiano Jamsheed Harem La Syrah.

No Indian Accent, o gerente fez questão de nos informar que Mike Jagger e Bruce Springsteen estiveram lá às vésperas, em mesas separadas. Pensamos, logo, em nos precaver contra a combustão dos condimentos, pois roqueiros não devem apreciar relações amenas. Ribs em salmoura adocicada e manga desidratada ao sol compuseram um dos pratos memoráveis da nossa turnê. O restante não excedeu.

Comida distinta e badalação, em geral, não andam juntas. No grego Milos, elas se roçam. A lula recheada com os queijos feta e manouri e purê de favas propicia prazeres homéricos. Tudo do mar presta. E os vinhos das uvas tinta Agiorgitiko e branca Assyrtiko aperfeiçoam-se.

O templo heleno, contudo, já teve um passado melhor. O japonês Morimoto cultiva também a perícia de combinar qualidade e bulício. O tartare de toro com caviar, creme azedo e molho de dashi impressiona. A enguia grelhada com foie gras e pera asiática, idem.

Nem tudo foi ode às calorias. Harmonizamos o espírito ainda com Glenn Close em *Sunset Boulevard* na Broadway, com Chucho Valdés no Blue Note, com Stanley Jordan tocando "Insensatez" no Iridium e com a sensacional exposição, no Met, de centenário do fotógrafo Irving Penn, epítome da revista *Vogue*, com deliciosas imagens de Anaïs Nin, Marisa Berenson e, naturalmente, Lisa Fonssagrives-Penn. Nova York continua, maravilhosamente, Nova York, e com a Trump Tower transfigurada em parque temático para se maldizer o presidente (deles).

P.S.: Foi-se o glutão Moreno encantar o terraço do céu.

18/6/2017

Restaurantes consagrados também decepcionam

Fomos ao Olympe em várias ocasiões, e comemos satisfatoriamente ou muito bem. Esta coluna – inicialmente, abrigada no "Caderno Gourmet" –, exaltou a casa e o seu chef proprietário Claude Troisgros em algumas oportunidades. Estimulados pela assunção de Thomas Troisgros, buscamos o estabelecimento atrás das magias e das novidades do chef empoderado. A experiência, porém, renteou o desastre.

Era noite de sábado – dia e horário nobres na agenda dos palcos gastronômicos –, e não havia um Troisgros presente. Ao percebermos as ausências, escolhemos o menu de menos pratos, que é o que fazemos – para nos precaver de possíveis decepções –, quando frequentamos restaurantes autorais no Brasil, sem os expoentes no batente. Antes, praticávamos procedimento mais radical: ligávamos para o recinto; se a celebridade não estivesse, também não compareceríamos. Gasta-se muito dinheiro nesses ambientes para que o contentamento não seja total ou, pior, para que haja frustrações. É óbvio que absentismos se justificam, e que nem todos eles lesionam a qualidade. Com a nossa mão de obra limitada e instável, no entanto, há sempre o risco de descaminhos na omissão das estrelas.

Elegemos o menu Criação, de quatro cursos, com simpatias do mar. Começamos pelas vieiras com caviar de tucupi e purê de cará com coco. Os moluscos sucumbiram no meio de aquoso e inconsistente purê. Seguiu-se o robalo com salada de maçã verde e aipo e consomê de bacon e shitake. Melhorzinho, pois o peixe sobreviveu ao excesso de sal do caldo e à inexpressividade da salada. Desatinada fora a cavaquinha confit com manteiga de baunilha e batata crocante. A bichinha apresentou-se mal-cozida e desleixada, naufragando em um ralo mingau hospitalar, que também molestou a crocância prometida pelo tubérculo. De sobremesa, sorvete de milho-verde com cupuaçu e broa na cachaça envelhecida. Razoável, pois pareceu montada descuidadamente e o cupuaçu não se pronunciou, acanhado sob a broa. Em suma, a má execução arruinou a concepção dos pratos. Salvaram-se o eficiente serviço e a carta de vinhos, que são muito acima da média nativa.

Essa desventura, entretanto, não é suficiente para danar o Olympe, pelo seu prontuário de excelentes préstimos. Já suportamos semelhante flagelo em outros salões gabaritados, como no Antiquarius e no extinto RS, por exemplo. Com níveis de dissabores menores, purgamos no Fasano Al Mare, no Satyricon, no Cipriani, no antigo Oro etc. Descarrilamentos acontecem em qualquer lugar. Não temos a ilusão de que dará sempre certo. As cozinhas têm os seus caprichos e um cotidiano infernal de situações adversas. Contudo, quanto mais caro e maior se vende um santuário gastronômico, mais escrupulosas devem ser as exigências sobre ele.

Compreendemos a impossibilidade da onipresença dos chefs afamados; alguns optam por se dividir em outros afazeres. Agora, não podemos fingir que seja igual degustar um banquete alindado por eles ou por seus patenteados prepostos, mesmo livre de despropósitos. No Brasil, ainda não atingimos este estágio.

2/7/2017

O lagostim impudico de Alain Senderens

A Antonio Cicero

Em tempos de real supervalorizado, com um célebre intelectual amicíssimo, quebramos os cofrinhos e fizemos um extravagante tour etílico-gastronômico por parte da França. O roteiro iniciou-se por Bordeaux, onde bebericamos em algumas das melhores vinícolas da Terra e jantamos terrine de foie gras e filet de boeuf, acolitados pelo tinto Château Haut-Pauillac, no decente La Tupiña. Depois, partimos para Cognac, passando por Sauternes, para ungir os nossos espíritos com o nectáreo Château d'Yquem. Em Cognac, perseguimos objetivo ululante: tomar a maior quantidade possível de XO. Luziram o Hennessy e o Louis Royer.

Atravessamos o vale do Loire atentos aos magníficos e históricos castelos e aos sacros vinhedos. Interessávamo-nos pelos vinhos brancos Sancerre e Pouilly-Fumé. Abrigamo-nos no Château de Noizay, próximo a Tours, e fizemos a primeira refeição incomum da jornada, mancomunada com a elegância da cabernet franc da comuna de Saumur, terra da gloriosa Coco Chanel.

Em Paris, desacatamos a sensatez e a moderação. Lagostins frios com caviar ossetra, tian de cordeiro à la parisiense, queijos diversos, babá ao rum, Billecart Rosé, Château Montrose, Château Suduiraut, Castarède etc. nos conduziram à bem-aventurança no Alain Ducasse au Plaza Athéneé. No Jacques Cagna, ao constatar que éramos brasileiros, o chef achegou-se para falar de sua admiração pelo ex-governador Carlos Lacerda, que fora *habitué* da casa. E conduziu um conchavo de foie gras com vinhos do Porto, que enterneceu os inconvictos espécimes da "esquerda caviar". No belíssimo e aristocrático Le Grand Véfour, posamos de reis, e barbarizamos com uma seleção de adoráveis animalejos que provocam susceptibilidades em psiques abaladiças – escargot, rã, coelho e pombo. No Tour d'Argent, saboreamos o pitoresco pato numerado, e examinamos a colossal carta de vinhos. Dedicamo-nos ainda a gorduras várias nos consagrados bistrôs Chez L'Ami Louis e Allard. Ormeau (tipo de molusco), atum, robalo e Chablis animaram-nos no Divellec. Em noite de excessos à la Lautrec, celebramos o existencialismo sartriano no festivo La Coupole, com ostras da Bretanha, vinho Meursault e conhaque Rémy Martin Paradis.

Todas essas reminiscências afloraram com o recente falecimento do chef Alain Senderens, um dos pioneiros da *nouvelle cuisine* e responsável pelo período cintilante do Lucas Carton, no qual comemos um lagostim inesquecível. O crustáceo apresentara-se descascado, impudico, ostentando a cabeçorra e um colete de deliciosos fios crocantes. O jantar, aos cuidados de monsieur Senderens, encerrou este metafísico périplo gastronômico, que, pelas suas múltiplas e ricas dimensões, nunca mais se repetiria. Arrebatados, dois ateus puseram-se a orar e a agradecer as graças recebidas na igreja de la Madeleine, periférica ao restaurante.

16/7/2017

Tô frito!, *Boni e a lição de Alex Atala*

O livro *Tô frito!*, que reúne deliciosos fatos acidentais de chefs e restaurantes, sugere também divagações sobre a história do ambiente culinário carioca. A começar por uma das autoras, Luciana Fróes, principal referência de crítica gastronômica da cidade e continuadora de uma casta de jornalistas que teve civilizatória importância na evolução dos prazeres da mesa no Rio. Os trabalhos catequizadores de Roberto Marinho de Azevedo – o pioneiro e insubstituível Apicius –, Danusia Barbara, Renato Machado e, agora, Luciana Fróes foram e são fundamentais para o satisfatório estágio alcançado. Sem o crivo inteligente, exigente, acurado e cosmopolita deles, estaríamos em patamar atardado.

A obra traz depoimentos dos chefs José Hugo Celidônio e Claude Troisgros, dois bandeirantes dos tempos ásperos, em que imperavam a carência de produtos e os simulacros de cozinhas internacionais. A nossa culinária moderna começou a engatinhar por influência de forâneos, quando, nos anos 1970 e 1980, para aqui migraram os portugueses Carlos Perico e Manoelzinho, os italianos Miro Leopardi, Luciano Pollarini, Danio Braga e os irmãos Paolo e Pietro Neroni, os franceses Claude Troisgros, Laurent Suaudeau, Roland Villard e outros. Nessa babel, José Hugo fora a maior expressão brasileira a se destacar e a testemunhar a adaptação de uma freguesia, predominantemente tosca, às seduções do mundo opsofágico. São dele os chistes mais apetitosos do livro de Luciana Fróes e Renata Monti.

Já Claude Troisgros assinala a relevância que José Bonifácio de Oliveira Sobrinho, o Boni, teve para as suas conquistas. Na verdade, impõem-se fazer justiça e mesurar a imensidão do papel de Boni no processo evolutivo da gastronomia brasileira. Há décadas, ele pratica um extraordinário ativismo incentivador e educacional. Nenhum outro freguês contribuiu tanto para os avanços enraizados. Inúmeras vezes, pratos e bebidas chegam ao nosso conhecimento através de suas generosas e socializadas vivências. Saboreamos coisas magníficas, mimetizando as suas experiências.

A essência do opúsculo inspira-se na transformação de situações adversas em soluções reparadoras; circunstâncias que devem ser comuns a todos os chefs e *restaurateurs*. Por inferência, podemos imaginar a quantidade de improvisos não solucionáveis adequadamente, em prejuízo de clientela e dos estabelecimentos.

A coletânea de causos reproduz ainda algumas lições didáticas. "Lugar de chef é no restaurante: nas internas e externas. É assim que trabalho há anos", ensina Alex Atala, o chef mais estrelado do país. "Por isso é que eu tenho ojeriza a modismos", enfatiza Rogério Fasano, o maior *restaurateur* do Brasil, ao justificar a sua consistente resistência a bossas inconsistentes. Pelas sentenças, podemos entender parte do sucesso e da dimensão de ambos.

30/7/2017

Bok choy, atemoia e os feitiços do Lasai

Quando a mescla de banana-ouro, bok choy (vegetal chinês) e creme de leite compõe um dos cursos mais marcantes de um menu degustação, das duas, uma: ou a refeição degringolou ou o acepipe era extraordinário. Impôs-se a segunda hipótese, e mais do que isso, a confirmação da engenhosidade do chef Rafa Costa e Silva. A mistura provocou um iluminado estranhamento. Primeiro, na busca pela identificação dos elementos, com a fruta agasalhada por um tênue crochê de biju. Depois, pelos sabores vívidos de cada ingrediente, que se compatibilizam com a graça e a leveza de Audrey Hepburn e Fred Astaire em *Cinderela em Paris*.

O repasto no Lasai propiciou outras grandezas. A barriga de porco cozida em baixa temperatura com creme de abóbora, picles e folha de nabo desidratado transpôs as expectativas e se alojou no esconso dos pratos memoráveis. Realce ainda para a delicadeza do sorvete de gengibre com atemoia, avelã e melado de limão-galego, um assombro de equilíbrio de acidades. A generosa criatividade do chef permeou os oito snacks iniciais que deviam ser comidos com as mãos; bestagem em voga. Entre os crocantes, destaque para o de brócolis com tomate e o de couve. Sobressaíram-se também o quiabo com fubá e creme de abacate e o enroladinho de chuchu com camarão.

Foi uma noite de muitos encantamentos, com algumas deleitosas revelações e pouquíssimos senões. Rafa Costa e Silva imprime um alto padrão aos seus belos salões, com os menus nivelados por cima. Mesmo as guloseimas que não extrapassam nem maravilham atingem estágios convincentes. Embora não sejamos cruzados da vigente tendência culinária menos proteica, reconhecemos que ela se expressa adequada e proporciona valiosas e inauditas leituras no Lasai, como atesta a fantástica banana-ouro com bok choy e creme de leite. A contemporânea carta de vinhos esforça-se para exibir originalidade. A insistência, porém, de incluir uma marca brasileira nos menus harmonizados parece mais cota nacionalista do que pertinência gastronômica. É verdade que outros recintos autorais apadrinham, igualmente, oferta protecionista. O serviço não se distingue, mas a soldadesca, predominantemente feminina, mostra evolução em um ambiente diferenciado e agradabilíssimo.

Com pouco mais de 3 anos de vida, o Lasai consolida-se, atualmente, como o proeminente restaurante do Rio. Não é por acaso. Além de talentoso, Rafa Costa e Silva disciplinou-se para isso. Focado no seu objetivo, por ora, ele não se dispersa com expansões nem em atividades colaterais. No mais, abre as portas do seu estabelecimento apenas para o jantar de terça a sábado, o que lhe permite concentrar os trabalhos e se fazer presente. Todas as vezes em que lá estivemos, o encontramos com as mãos no *manche*. E essas obviedades são razões contributivas do seu merecido sucesso.

13/8/2017

Avançamos, mas estamos longe dos maiorais

A boa comida não é exclusividade de restaurantes extraordinários e caros. Podemos encontrá-la em diversos espaços; em endereços comerciais de todos os tipos e nos lares das pessoas. Já restaurantes excepcionais vão além de albergar repastos saborosos. A qualidade e o sortimento das mercadorias e a criatividade em transformá-las em iguarias contam muito na reputação de um estabelecimento. Não por acaso, a maioria dos ambientes "estrelados" ampara-se em cozinha autoral, em que os produtos recebem o tratamento de instalação artística.

Estampar chefs plásticos, porém, não é o suficiente para nobilitar uma casa. Fazem-se necessários também o colorido e a eficácia dos serviços infrequentes. Há várias maneiras de se dimensionar uma função incomum: louças, talheres e copos bonitos e adequados, maîtres e sommeliers prestimosos, garçons expeditos e preparados para explicar cada prato etc. Por experiência, notamos um balizador singelo: a preocupação de se manter o copo de água cheio. Em geral, recintos com essa obsessão desfrutam de desvelos singularizados.

Quando estivemos, pela primeira vez, no Alain Ducasse au Plaza Athénée, em Paris, ficamos impressionados com um maître atento a tudo. Apesar de ter ascendência sobre os demais funcionários, ele mesmo se encarregava de reparar o que, aos seus olhos de águia, estava fora de lugar. Reposicionava os arranjos de flores, conferia as dobras dos guardanapos, retirava os farelos de pão das mesas etc. Nada se lhe escapava. É difícil imaginar um padrão de prestança tão prussiano e diligente.

No Brasil, estamos longe deste nível de excelência. Temos chefs competentes, com técnicas apuradas, curtidos em renomadas escolas e estalagens internacionais. A mão de obra auxiliar, todavia, é, majoritariamente, precária e amadora, notadamente a dos salões. Aqui, para grande parte, o ofício ainda significa um bico. O grupo Fasano empenha-se em enfrentar o problema, com resultados relativos. Já nos aconteceu, contudo, de esperar por 20 minutos para sermos atendidos no Fasano Al Mare, e vazamos. O Olympe e o Lasai também se esforçam, mas ficam aquém do ideal. Em São Paulo, o D.O.M. pratica algo próximo do mínimo desejado.

A falta de expedientes distintos não é a única circunstância que inibe a gastronomia nacional de perfilar entre as maiores do mundo. Mais crítica é a carência de ingredientes pródigos. Nossas aves são desanimadoras. Os patos parecem saídos de um severo spa, aspirados das delícias de suas gorduras. As codornas sofrem de nanismo, o que impede que sejam recheadas. As carnes bovinas protagonizam, embora a vitela não preste. Os elementos marinhos desempenham-se melhor. Progredimos muito à mesa, mas, com a continência de matérias-primas e de serviços, os nossos melhores restaurantes ainda distam das sumas referências do planeta.

28/8/2017

Fetiche, dragões e menus degustação

Há um fetiche desmoderado sobre menus degustação e gourmetizações; maior do que o suscitado pelo charmoso cabelo de Cecília Malan. De fato, eles ensejam comidas mais aprimoradas, baseadas em concepções singulares e melhor trabalhadas. E servem como tapetes mágicos para a condução de chefs ao Olimpo, pois transportam imaginárias superioridades inerentes, a despeito dos resultados reais. Basta ser menu degustação para que, em geral, fregueses e críticos apatetem-se como se se deparassem com os dragões de Daenerys. No Rio, os seis restaurantes, com uma estrela no *Guia Michelin*, disponibilizam menus degustação; alguns como essência (Lasai, Oro, Olympe e Eleven Rio); outros, como acessório (Mee e Laguiole). Casas renomadas, como o Fasano Al Mare e o Cipriani, também os adotaram complementarmente, como se precisassem disso para se gabaritar.

Compartilhamos dos atributos do sistema, que estimula a criatividade e adiciona racionalidade às cozinhas. Não nos entusiasmamos, porém, com fundamentalismos e messianismos tão presentes na gastronomia conceitual. No peruano Central, considerado o melhor restaurante da América Latina pela revista inglesa *Restaurant*, testemunhamos mistificação em um menu cujos os cursos se organizavam pela altitude em que os ingredientes eram resgatados. Também somos imunes ao marketing de chefs. Temporadas midiáticas de pripriocas, taiobas, jilós, formigas, jacas etc. não nos comovem. Nem nos deixamos seduzir pela *mise-en-scène* do hipnótico nitrogênio ou de qualquer outro artifício pirotécnico.

Nas configurações fechadas, os menus degustação tornam-se limitados, tanto para quem tem restrições alimentares como para aqueles que comem de tudo, mas querem variar. Mesmo a clientela entusiasta pelo modelo restringe a sua frequência ao suficiente para conhecer as novidades de cada estabelecimento. É o tipo de repasto que clama por renovadas criações. E a exigência por inovações faz com que grandes chefs errem a mão, em uma ou outra ocasião, e produzam invencionices. Afinal, não é trivial amalgamar dezenas de produtos, em escala comercial, na elaboração de pratos que conjuguem originalidade e qualidade.

Existe um evidente elitismo no figurino, questionado, até, por quem já o ostentou. Ao fechar o RS, a chef Roberta Sudbrack enfatizou a sua insatisfação com a fórmula que a consagrou. Para "democratizar" o acesso ao restaurante Remanso do Bosque, em Belém, o celebrado chef Thiago Castanho removeu o menu degustação do cardápio. Há espaço para todos; o importante é manter a pluralidade e a excelência gastronômicas. Menus degustação são bem-vindos. Sofríveis são as gourmetizações caricatas de alguns lugares simples, que deveriam se ater às maravilhosas culinárias desafetadas. No mais, a boa mesa não é monopólio de academias ou de tendências específicas.

10/9/2017

As massas simples são as melhores

A culinária italiana, talvez, seja a mais universal. E é a que melhor aclimata o romantismo, como ilustra o clássico desenho *A Dama e o Vagabundo*, com os personagens, metaforicamente, enrabichados através de um fio de macarrão. Quando se trata de refeições com fins amorosos ou libidinosos, um prato de massa protagoniza a encenação adequada. Quem não se enamorou em torno de uma boa pasta e de uma garrafa de tinto? Quantos não se fizeram chefs amadores para seduzir a pessoa amada com um espaguete ou um fettuccine?

O Rio tem cerca de uma dúzia de credenciados restaurantes italianos, de primeira e de segunda linhas. Destacam-se o Fasano Al Mare, o Gero, o Cipriani e o Duo, com vantagens para os recintos da casta Fasano, por causa de serviços superiores, embora imperfeitos. O Satyricon e o D'Amici nivelam-se aos supracitados; porém, persuadem pelos produtos oceânicos, caracterizando-se mais como casas mediterrâneas.

Dedicamo-nos ao menu degustação de massas do Fasano Al Mare, com cinco cursos e sobremesa. Apesar de assimétrico, correspondeu às expectativas e confirmou a impressão de que, em se tratando de massas, as mais singelas podem provocar os maiores regozijos. Foi o que aconteceu com o básico cabelo de anjo, com manteiga artesanal e queijo parmesão, cujo rico sabor expressa-se na extraordinária alquimia dos insumos nobres. O espaguete à carbonara e o tortelli com recheio de vitela e fondue de parmesão também sobreluziram. A harmonização ficou aquém, ao privilegiar vinhos da marca Fasano. Não que eles fossem inservíveis, mas porque um dos encantos de uma criativa harmonização é se esquivar de previsibilidades. Comumente, as harmonizações estruturam-se em decisões mais de ordem econômica do que gastronômica, mas há um quê de deselegância e, até, de descaramento na prática de os estabelecimentos quererem impor as suas bebidas chanceladas. No Gero, as massas contribuem, firmemente, para a reputação do local. O nhoque dourado em panela com lulas e vieiras estimula transes balsâmicos. Já o linguine com vôngoles consagra um casamento feliz. Ademais, o maître-gerente Alvez faz a diferença no Gero, como Vania faz no Fasano Al Mare.

Os salões dos competentes Nicola Giorgio e Dionísio Chaves compõem o outro núcleo sólido da representação italiana na cidade. No Duo e no Bottega del Vino, o ravióli de burrata ao molho de tomate e manjericão manifesta o potencial das pastas frugais. No Duo Trattoria, a simplicidade da lasanha verde à bolonhesa reaviva a percepção de que, em geral, menos é mais em comida.

Massas lembram família. As macarronadas dominicais da *nonna* (avó) povoam as recordações. E o espírito de parentela encontra-se eloquente na Casa do Sardo, à volta de um espaguete com frutos do mar ou de um nhoque com linguiça artesanal e pecorino, com preços domesticados.

24/9/2017

Fernanda Montenegro e queijos espiritualizam

A Susana de Moraes (*in memoriam*)

Existem vários modos de se espiritualizar. Milhões de seres humanos seguem os preceitos das três grandes correntes monoteístas – que, por sinal, se originam no mesmo Deus – e se elevam em seus simbolismos e ritos. Outros tantos professam crenças e práticas dessemelhantes. Alguns se descobrem em saberes alternativos e na aceitação de mestres, gurus, minerais, vegetais e ideologias como interpostos de idílios aspirados. Diversos escolhem soluções esquivas, e se encafuam em retiros ou peregrinam por veredas purificadas. Muitos optam por radical interação com a natureza em busca de uma felicidade pastoril. E há mais uma infinidade de caminhos edificados por inspirações primevas. Quase todas as manifestações de fé são dignas de respeito, mas, por quaisquer razões, não fomos afortunados com nenhuma delas. Talvez, por sermos um caso perdido.

Descrentes de deuses e de homens, nos espiritualizamos pelas diferentes formas de beleza e de provação sensorial. Ver a fenomenal e inteligente Fernanda Montenegro simplesmente sorrir nos comove, assim como a elegância nata e soberana de Paulinho da Viola e o extraordinário magnetismo de Gisele Bündchen. Encontramos nas artes os nossos dutos de maravilhamentos. Quando lemos Drummond e Machado de Assis, transcendemos. Ao ouvirmos Ella Fitzgerald e Tom Jobim, nos emocionamos. Com Pina Bausch e Fred Astaire, bailamos. As cores desobrigadas da paleta de Van Gogh também nos cromatizam, como os vermelhos de Rothko.

O universo etílico-gastronômico pode propiciar arrebatamentos descomedidos. Poucas coisas nos angelizam tanto quanto uma refeição distinta, independentemente da classificação do ambiente. Manás encontram-se em qualquer lugar, e não precisam se sustentar em pretensas sofisticações ou em preparos postiços. Às vezes, o éden está nas realidades elementares, em um insumo enlevado. Um repasto glorioso tem a capacidade de recrear até as almas supliciadas. Como não levitar com as ostras nas tabernas de Honfleur? Que adjetivos qualificam as substantivas centollas da Terra do Fogo servidas em palafitas na ilha de Chiloé? Quantas entidades há em queijos como roquefort, gorgonzola, reblochon, camembert, serra da estrela e outros? Que nano-orixá habita as pérolas de caviar? O que é o presunto pata negra, se não a materialização de uma deidade? Quem não se depura com um tablete de foie gras e uma tacinha de Sauternes?

No mais, são as comezainas memoráveis, em que as matérias-primas requintam-se nas mãos de chefs invulgares e conferem à gastronomia status artístico, reforçando os seus apanágios culturais. Intocados por religiões, misticismos e doutrinas, nos restou o conforto dessas variáveis medulares de encantamentos. Em suma, somos espiritualizados por Giocondas. Como assevera o necessário Caetano Veloso, "tudo que ressalta quer me ver chorar".

8/10/2017

Do Miako aos izakayas, a saga japonesa

A primeira lembrança de restaurante japonês foi o Miako, no Centro, com os peixes crus e os "pauzinhos" atiçando a curiosidade de uma clientela crua e cabreira. Em 1989, a família Ohara abriu o Azumi, principal referência, até hoje, de comida tradicional nipônica nesta urbe. Seguiu-se o Ten Kai, com um classicismo repaginado. Paralelamente, o chef Tanaka instalava-se no Leblon, encantando um público já adestrado nos hashis. Só fomos, realmente, enfeitiçados pela culinária insular, contudo, ao conhecermos os transgressores "esqueminhas" do criativo chef Nao Hara no Shin Miura.

Mais do que um bom pagode japonês, o Sushi Leblon tornou-se um *case* de sucesso, processando, ao largo de três décadas, bem-sucedidas metamorfoses na sua versátil cozinha, que oferta um mix de bocados clássicos matizados pela contemporaneidade. Outro ativo é a sua ambiência moderna, bem ao gosto da burguesia internacionalizada. Com um modelo de confusos sotaques asiáticos, o Mee também tem talhe cosmopolita, e se diferencia pelo menu degustação do chef Kazuo Harada.

Em 2013, a chegada do Naga trouxe o certificado da excelsa escola nipo-paulista (Jun Sakamoto, Kinoshita, Nagayama etc.), que resguarda a tradição sem obstaculizar as contribuições progressistas e introduz uma variedade de peixes fantásticos além dos recorrentes salmão e atum. Com o Naga, a gastronomia japonesa no Rio avigorou-se e mudou de padrão. O Shiso reforça a facção nipônica. Os insumos fresquíssimos do omakase encontram tratamento decente, mas não extasiam. A harmonização de saquês faz-se adequada.

Há um nicho de estabelecimentos japoneses que privilegia o burburinho etílico em vez do deslumbre alimentar. São os encantadores templos de paqueras, de cotejos narcísicos, de alegrias fugazes, e não, necessariamente, de gastronomia. Nem por isso, eles negligenciam os repastos, embora os profanem com licenciosidades ocidentalizadas. O Gurumê destaca-se no gênero, já que o Sushi Leblon, verdadeira basílica da badalação, é um fenômeno à parte que extrapola modismos com a sua culinária consistente. Come-se bem no Gurumê. As "brisas", as duplas de lagostim e de atum com foie gras e o tataki de wagyu compensam. O Togu apresenta cardápio ousado, enxertando as tendências vanguardistas da chef Ana Zambelli no elenco de pratos convencionais, com resultados oscilantes.

Agora, surgem os izakayas (bares). O Let Sushi surpreende, com um bom ceviche de vieira e uma maravilhosa barriga de porco (buta), cuja santa gordura aviva um caldo quente. O Pabu Izakaya exagera no seu espírito de boteco. Suas moelas e línguas de boi não deixam saudades. Os tamakis e sashimis são comuns. O tonkatsu, com lombo de porco empanado e maionese caseira, sobressai-se. Pior de tudo é o incurial copo americano que melancoliza os saquês. Coisa de professor Pardal.

2/11/2017

Boas casas a preços acessíveis são raras

Restaurantes extraordinários são caríssimos em todo o mundo. Uma das vantagens de São Paulo sobre o Rio é a fartura de boas casas a preços suportáveis. Aqui, ou se gasta muito ou se come convencionalmente ou mal. Temos, proporcionalmente, poucos estabelecimentos intermediários com repastos acima da média a pagamentos cabidos. Neste aspecto, a capital paulista nos supera amplamente.

No Rio, alguns lugares, mesmo não sendo baratos, oportunizam um custo-benefício estimulante. O Le Bistrôt du Cuisinier destaca-se entre eles, com valor fixo para entrada, prato e sobremesa. O capaz chef David Jobert acrisola comida francesa tradicional, outorgando-lhe ares olímpicos e dignificando as suas raízes. O filé-mignon ao molho de vinho tinto com batata e farofa panko desencaminha de tão encantador. Os escargots em manteiga de alho e salsa são os melhores da cidade. David confere aos molhos a importância devida, o que, no Brasil, é raridade. O local extrapola a sua aparente despretensão e propicia altas experiências gastronômicas, com os vinhos, infelizmente, aquém dos pitéus.

O Pipo também oferece boa comida a preços justos na lógica do compartilhamento. O bonito espaço de Felipe Bronze, tocado pelo chef Rodrigo Guimarães, customiza receitas clássicas com criatividade e qualidade. A costela de boi com farofinha de ovo caipira, tartare de banana e couve desencarcera interjeições de aprovação. O minissanduíche que homenageia o Cervantes, de barriga de porco, picles de abacaxi e maionese defumada, é júbilo crocante. E o maravilhoso pudim de leite corresponde à ambição de ser "o pudim".

No quesito carnes, a velha e correta Churrascaria Majórica continua a satisfazer gerações desde 1961. Comedida em cortes contemporâneos, de sua grelha saem opulentas e socializáveis picanhas, fraldinhas e maminhas. No pospasto, a goiaba em caldas com catupiry e o creme de papaia com cassis remetem a tempos menos intolerantes e complexos.

Singularizados produtos marinhos são difíceis de serem encontrados por quantias módicas. No português Alfaia, contudo, servem-se notáveis pratos de bacalhau, como o ao murro e o à patuscada. Todos divisíveis para duas ou, até, três pessoas. E com o adicional de uma cobrança quase simbólica pela taxa de rolha, o que torna as refeições em conta.

Na divisão italiana, a Casa do Sardo faz as honras da bandeira. Na cantina, frutos do mar e massas exprimem-se com veemência sem achacar os bolsos. O carpaccio de polvo, o espaguete à carbonara e a fregola sarda serenizam até os lorpas das milícias digitais.

A quase totalidade dos nossos restaurantes – indiferentemente de seus respectivos padrões – pratica preços desequilibrados com o que servem. Não é à toa que tropeçam em dificuldades. Torçamos para que a brutal crise econômica, pelo menos, os traga à realidade e os civilize.

5/11/2017

Restaurantes que fizeram história na cidade

No extraordinário livro *A história da arte*, E.H. Gombrich retrata artistas que construíram obras permanentes e transcendentes às suas épocas. E registra que três pilares do modernismo (Van Gogh, Cézanne e Gauguin) não tiveram as realizações reconhecidas à altura por seus coexistentes. Outros gênios impressionistas foram zombados por parte da crítica e rejeitados pelos salões de arte de então. Com o correr do tempo, esses talentos, nos dizeres de Gombrich, "fizeram história" e os seus trabalhos passaram a valer fortunas e a qualificar museus. De acordo com o historiador, o modernismo proporcionou a revolução mais florescente na trajetória das artes, e a não assimilação imediata pelos especialistas fomentou consequências até os nossos dias. Por receio de repetirem erros de avaliação equivalentes aos daquele período, os críticos passaram a tolerar quaisquer novidades, a despeito das verdadeiras qualidades delas. "Se hoje há alguém que necessita de um defensor, é o artista que se furta a gestos rebeldes", ironizava o célebre autor.

Com a *nouvelle cuisine*, a gastronomia consolidou os seus predicados artísticos e expandiu as suas potencialidades, mas ensejou inúmeros desatinos, escudados em suposto vanguardismo culinário. No Rio, os estabelecimentos, essencialmente modernosos, têm tido vida breve, por inconsistência das propostas ou inadaptação da freguesia. Dos nossos restaurantes glorificados mais longevos, apenas o Olympe enamorou-se de uma certa contemporaneidade – a própria *nouvelle cuisine* – que, com os anos, se estandardizou e cumpriu a sina dos movimentos revolucionários bem-sucedidos que acabam se tornando clássicos.

Os demais bons e trigenários recintos esteiam-se na tradição. Apesar de debilitado no momento, o Antiquarius exerceu papel fundamental no desenvolvimento da gastronomia carioca, introduzindo um padrão de restaurante inédito entre nós, com uma potente comida portuguesa e um ambiente refinado. Com mais vagar e menos alarde, o Satyricon guindou os frutos do mar a altitudes desconhecidas. O mesmo fez o Esplanada Grill com as carnes, privilegiando cortes diferenciados e um sistema que contrariava a lógica predominante das churrascarias de rodízio.

O sucesso estável do Sushi Leblon talvez se explique pela fachada de atualidade emboçada pelos princípios básicos da cozinha japonesa, além de oferecer o apelo de repastos saudáveis e convidativos para o público feminino em um ponto descolado.

Com 15 anos de existência, o Gero inclui-se no elenco das casas que contribuíram sobremaneira para os avanços da gastronomia local, incorporando paradigmas atípicos de serviços e pratos italianos de outros quilates.

Independentemente das turbulências que podem atingir, ocasionalmente, uma ou outra dessas referências, é inegável que todas "fizeram história".

19/11/2017

A mutação de Artagão de chef em restaurateur

Pedro de Artagão amplia os domínios, ao assumir os ofícios de comes e bebes do Blue Note. Agora, responsabiliza-se por seis estabelecimentos e mais *catering*. Visitamos o Irajá Gastrô. O chef mudou o conceito do cardápio da sua principal casa; até então, arquitetado na linearidade entrada, prato principal e sobremesa a preço fixo. Agora, as guloseimas, a custos variáveis, são disponibilizadas no menu, confusamente, sem predeterminações, dificultando a identificação dos seus papéis no roteiro, o que se agrava pela fragilidade dos serviços nos salões.

Na cozinha, contudo, os acertos superaram os equívocos. O peixe-prego com vinagrete de leite suscita airosidade no espírito, que faz sorrisos mansos escorregarem da boca. O parrudo faneco de foie gras quente, com pudim de pão e limão-galego, concentra o esplendor do ingrediente proscrito por tribos suscetíveis. A barriga de porco com abóbora corrobora a atinência desta comunhão. E o bolo de aipim, doce de leite e coco candidata-se a uma vaga no memorial dos mandingados postes da cidade.

Houve também poréns. Os cursos com insumos do mar foram irregulares. A fresquíssima cavaquinha, com palmito e maçã verde, padeceu de molho inconvincente e, excessivamente, acidulado. Já as vieiras, com alho-poró e batatas, boiavam em caldo decente, mas eram jururus. O ovo caipira, milho-verde e guanciale (bacon de bochecha de porco) compuseram um arranjo afogado por molho desenxabido. De modo geral, ovo de gema mole, raramente, se conchava bem com a concorrência de outros líquidos; ou ele protagoniza ou é um mau coadjuvante. Decepcionante mesmo é a concepção de uma carta de vinhos somente com produtos nacionais; é como só se ter Mineirinho para quem prefere refrigerantes. Por melhores que sejam as garrafas, a impropriedade é de juízo, ao impor a obrigatoriedade de um componente questionável ao andamento do repasto. Comumente, o modismo conceitual está infectado por sublógicas de mensagens doutrinárias.

Come-se direito ainda no Formidable Bistrot. O foie gras no brioche e o tartare de atum com abacate assanham os ânimos na entrada. Alguns pratos pesam, pela demasia de molhos e cremes; outros ficam na fronteira entre o satisfatório e o entusiasmo. O quiosque Azur contenta aqueles abonados que procuram refeições e beberagens despretensiosas à beira-mar. O limitado Cozinha Artagão amolda-se à desambição culinária da clientela apressada de shoppings. E, no oportuno e musical Blue Note, as exigências do público são auditivas; as comidas não sobem ao palco.

Pedro de Artagão consolida-se como referência gastronômica, com recintos de perfis sortidos. Resta saber se os seus carros-chefes – o Irajá Gastrô e o Formidable Bistrot – manterão a qualidade neste fluxo meteórico de expansão, que o converte mais em *restaurateur* do que em chef.

3/12/2017

Os reais pecados da carne

Somos carnívoros. E, para nós, este conceito amplia-se, abrangendo todos os tipos de proteína animal; peixes, aves, leporídeos, moluscos, batráquios, insetos etc. Nos últimos tempos, as carnes brasileiras – sobretudo, as bovinas – evoluíram muito, embora as aves continuem deficitárias e a vitela, imprestável. Apesar das melhorias, elas permanecem irregulares nos salões, com cortes passíveis de não reiterarem bons desempenhos e cocções adequadas. O delicioso ancho comido hoje pode estar irreconhecível amanhã, por apatia da nova peça ou por desandar no ponto.

Com o upgrade das matérias-primas, os principais auditórios de carne – hoje, distantes das churrascarias de rodízio – igualaram-se. Quem pode assegurar que o Giuseppe Grill seja, realmente, superior ao Rubaiyat Rio, ou vice-versa? E que ambos sejam inferiores ao Esplanada Grill ou ao Corrientes 348? Não há evidências empíricas para consagrar, indiscutivelmente, nenhum deles. Existem preferências, por razões diversas, inclusive gastronômicas.

Adoramos as cultuadas entranhas da culinária argentina – mollejas, morcillas, riñones etc –, que aqui se refugam. Por ter alma portenha, o Corrientes 348 nos possibilita esses regalos e nos enche de alegria. A emanação rioplatense ainda inspira o Tragga, com os seus tradicionais bife de chorizo e assado de tira. Nada além do básico. Encontramos apreciáveis morcillas também no Cortés e no Esplanada Grill, que preserva o padrão que o notabilizou, mas já não banza com o seu cardápio burocrático. O Pobre Juan migrou de São Paulo com um modelo de correção convencional, sem traços inovadores e pretensões maiores. A Churrascaria Majórica mantém-se fiel às boas fatias de antigamente – picanha, maminha e fraldinha.

O noviço Malta tenta amplificar o sucesso do seu exitoso embrião Sabor DOC, em espaço mais generoso. Lá, levam-se as carnes a sério. O estabelecimento inaugura na cidade a oferta de carne maturada a seco (dry-aged), de sabor acentuado e textura amanteigada, que se transformou em coqueluche nos Estados Unidos. As peças são curtidas em um "aquário", à vista da clientela, com tempos de maturação variáveis. O prime rib provoca contentamento quase sexual. Os petiscos de entrada, contudo, desapontam.

Os atrativos do Rubaiyat Rio extrapolam os repastos. O local exibe-se lindo e agradável. As carnes premium originam-se de fazendas próprias e de procedências estrangeiras, e há peixes e frutos do mar para os paladares alternativos. O serviço, contudo, não está à altura e exige paciência. Insumos marítimos também protagonizam no Giuseppe Grill. O robalo e o polvo fariam bonito em qualquer catedral de pescados. A constância da qualidade da picanha Supra sumo é sobrenatural na dança da volatilidade. E incorporou-se ao cardápio uma invulgar vitela texana; lindamente rosinha e aristocrática, como deve ser.

Dezembro/2017

Massas, Rafael e Nero em Roma

Em documentário, vimos Massimo Bottura narrar o seu calvário para fixar um trabalho vanguardista na interiorana Modena, cidade de dois ícones italianos – o tenor Luciano Pavarotti e o comendador Enzo Ferrari, fundador da famosa escuderia. Em universo hostil a novidades gastronômicas, o chef penou para consolidar a Osteria Francescana, apontada como o melhor restaurante do mundo pela revista britânica *Restaurant*.

Não conhecemos a casa, mas compreendemos o nexo da relutância. Assim como a culinária portuguesa, em tese, a italiana não nos parece que tenha ganhos axiomáticos com transfusões revolucionárias. A tradição é traço pronunciado na Itália, pela influência do catolicismo e pela força inquebrantável dos elos familiares, moldando as relações sociais. A magnífica filmografia italiana do pós-guerra enfatizou a opulência comunitária e parental da sociedade local, onde a comilança rege as celebrações e os vínculos afetivos. Cozinha sem o espírito espalhafatosamente gregário tende a carecer de sentido na Bota. A Itália é país, culturalmente, de mesas generosas, refratário a propostas seletivas. É uma questão sociológica, e não gastronômica. Apesar disso, lá vicejam alguns bons recintos modernos, consentâneos às exigências da globalização.

Quando vamos a Roma, privilegiamos as ofertas campesinas, as massas e os molhos de tomate inigualáveis. Batemos ponto no Al Moro, para manjar o espaguete à carbonara, sob os eflúvios da lembrança de Anita Ekberg banhando-se na vizinha Fontana di Trevi. Na varanda do Dal Bolognese, mordiscamos alcachofras na brasa, enquanto contemplamos a igreja Santa Maria del Popolo, erguida em lugar assombrado pelo espectro de Nero. Na trattoria Pierluigi, entregamo-nos às sardinhas, centollas e lagostas em pândega pagã. Na pizzaria Dar Poeta Trastevere, há extraordinárias redondas em acomodação simples e barata.

Panteão é o templo dedicado ao conjunto dos deuses ou dos cidadãos mais ilustres de uma nação. O mítico Pantheon romano abriga os túmulos dos reis Vittorio Emanuele II e Humberto I e do pintor Rafael, cuja obra nos arrebata desde sempre. As Salas de Rafael nas antecâmaras da Capela Sistina, no Museu do Vaticano, dão bem a dimensão da sua envergadura artística. Na lógica desta arquitetura divina, só Rafael estaria à altura de se aprumar junto a Michelangelo. Perto do Pantheon, aloja-se outra referência de insumos marinhos na Cidade Eterna: o La Rosseta, especializado em pescados crus e em massas com frutos do mar.

No front contemporâneo, gostamos do All'Oro, onde a entrada Raffaello, bombom de foie gras, nozes e coco, faz jus ao gênio renascentista. E apreciamos também o Aroma, com uma deslumbrante vista para o Coliseu que sugere fantasias imperiais.

No mais, travessos como os anjinhos de Rafael, lambuzamo-nos com os sorvetes das gelaterias San Crispino e Giolitti.

Dezembro/2017

Desejos simples para 2018

Temos desejos simples para 2018. Gostaríamos de que os bons ágapes pudessem se repetir com frequência sem se transformarem em decepções. Na cena culinária carioca, não há garantias de que a admirável iguaria degustada hoje será idêntica amanhã. É quase um aforismo heraclítico, com a metáfora da impossibilidade de se banhar duas vezes no mesmo rio. E isso acontece em restaurantes de todas as estirpes. O grandioso Fasano Al Mare, por exemplo, serve uma das destacadas entradas da cidade: a stracciatella de burrata com atum cru, limão siciliano e figo caramelizado. Algumas vezes a encontramos degenerada. A irregularidade é a norma, o que faz com que as recomendações tangenciem a abstração. Diante da instabilidade contumaz, avalizar, positivamente, uma refeição é arriscado, pois ela pode variar a garfadas diferentes. O ideal seria que todos os pratos tivessem a perenidade do steak do Peter Luger, em Nova York; sempre, maravilhosamente, igual.

Almejamos também que as mesas vanguardistas, pelo menos, conjuguem lé com cré e exprimam contemporaneidade consequente, e não sucata opsofágica produzida por portadores de inimputáveis hormônios pubescentes em missão fundamentalista ou revolucionária. Ambicionamos ainda serviços satisfatórios nas casas de repastos, com funcionários cientes de seus ofícios, sem estarem possuídos pelo sentimento de transitoriedade. E por que não reivindicar preços justos e civilizados dos estabelecimentos desproporcionalmente tão caros? Por aqui, há prato de entrada custando o equivalente a absurdos e insolentes 180 dólares – e não é caviar –, coisa que não deve existir em outro lugar do planeta. Sonhamos com cartas de vinhos módicas. Sabemos da surrealista taxação tributária do produto. A não ser pela ganância, nada justifica, porém, que se escasseiem garrafas potáveis abaixo de 100 reais.

No mais, é torcer para que brotem novos talentos nas cozinhas e nos salões, pois tivemos perdas relevantes no ano que ora finda. Roberta Sudbrack fechou o celebrado RS. O Eça cerrou as portas. Claude Troisgros passou o bastão no Olympe. Antônio Salustiano afastou-se do D'Amici. Luciano Boseggia deixou o Alloro. Joachim Koerper encerrou as suas atividades no Rio. E, infelizmente, faleceram os *restaurateurs* Volkmar Wendlinger (Casa da Suíça) e Carlos Perico (Antiquarius) e o talentoso sushiman França (Sushi Leblon).

Por fim, elencamos os recintos que mais nos aprouveram em 2017. Como restaurante autoral, avulta-se o Lasai, com a transbordante criatividade de Rafa Costa e Silva. A solidez do Gero faz deste italiano um porto, geralmente, seguro. A consistência do Sushi Leblon e do Naga também nos conforta. O D'Amici não desandou com a saída de Antônio Salustiano. David Jobert elabora comida superlativa no Le Bistrôt du Cuisinier. No Pipo, processam-se releituras saborosas. As carnes do Giuseppe Grill mantêm saldo médio. Na dialética predominante da inconstância, os nossos prediletos são os mais constantes, aqueles que mais acertam do que erram.

Dezembro/2017

O menino que comia foie gras

A Deborah Levinson

Não pude escrever este texto para as páginas de *O Globo*. Se o fizesse, desvelaria, facilmente, a identidade de Pedro Henriques.

Poucos meses antes de o Eça fechar, o visitei com o meu filho Joe. Não íamos lá há tempos, embora fosse um dos meus restaurantes prediletos no Centro. O ponto encontrava-se, praticamente, vazio, preanunciando o infausto desenredo da casa. A simpática hostess Nina aproximou-se para nos saudar e perguntou se aquele jovem – então, com 21 anos e cerca de 1,80m de altura – era o meu filho, a quem conhecera pequeno como cliente e não voltara a ver. Confirmei a sua impressão, e Nina logo confessou: "Assim que vocês entraram, o garçom veio correndo me avisar que aquele menino que comia foie gras estava no restaurante." Impressionei-me com a memória do garçom e com a referência aos distintos gostos do meu filho, pois Joe não pisava ali há quase uma década, e, agora, virara um galalau, ostentando cara e trajes de trabalhador, imagem distante do exótico petiz que fora. Coincidentemente, o chef bretão Olivier Cozan, especialista no ofício de encantar o ingrediente, todas as vezes que nos avistava também bisava o mantra, sorrindo: "Este é o menino que comia foie gras?".

Pois bem, o meu filho Joe comia foie gras e outros trecos insólitos para uma criança, o que o transformou em uma espécie de celebridade excêntrica em certos ambientes gastronômicos da cidade. A prematura vocação de gourmand dele talvez tenha sido o principal estímulo que recebi para me aprofundar no universo opsofágico. Tínhamos uma forte afinidade, e eu não podia decepcioná-lo, filho único que é. Alimentar, literalmente, essa aptidão de Joe foi um dos objetivos que me impus "como o melhor pai do mundo", conforme diploma conferido por ele a mim.

Tudo começou – pelo menos, na percepção dos pais –, quando ele tinha apenas 3 anos e o levamos a Orlando na sua primeira incursão internacional. Nos restaurantes, Joe pedia barbatana de tubarão, jacaré, crab, peixes crus, lagostim, pato etc. Enfim, tudo que não se semelhava habitual no seu já variado menu doméstico. Nada de bifinho com batata frita, McDonald's – aliás, nunca esperneou para ir a um McDonald's ou a convizinhos. E mais: não deixava ninguém escolher os seus pratos e papava tudinho de tudo. Joe os escolhia, autonomamente, sem aceitar o direcionamento dos adultos, que apenas liam os cardápios para ele. A princípio, achávamos que a lógica dessas extravagâncias se inspirava em infinita curiosidade herdada da mãe, e não em uma susceptibilidade culinária especial. Estávamos enganados.

Daí para a frente, os avanços foram em progressão geométrica, o que sugestionou a avó materna a sacramentar, proporcionalizando os custos das demandas: "Enquanto ele estiver só na comida, dá para a família bancar. Quando ele começar a beber, vai ter que trabalhar." Com 8 anos, Joe tornara-se um personagem festejado nos melhores salões do Rio. No Antiquarius, Manoelzinho providenciava-lhe a sopa de pedra sempre escandindo a sua admiração: "Este meniiiiino!!!". No D'Amici, Antônio Salustiano preparava-lhe lagostim e avestruz. No Gero, Nicola Giorgio levou-o para conhecer uma mesa segregada – à época, malocada no estabelecimento – destinada a gourmands ilustres. Nao Hara preparava-lhe "esqueminhas" mais caprichados ainda. No Satyricon, dirimia dúvidas com o maître Ary Ximenes sobre se deleitar com ouriços ou centollas. E Roberta Sudbrack acostumara-se a ver aquele fedelho vistoriando a sua arte, e admirando o seu aspargo branco em caramelo picante.

Tamanha desenvoltura suscitou algumas histórias inusitadas. No antigo Quadrifoglio, um pedido de rãs motivou uma pequena desarmonia com a maître Juarezita Santos, que, achando que o pirralho se equivocara na opção, tentava convencê-lo a provar "uma massinha com carne". Ao que ele replicou do alto dos seus 5 anos, enfaticamente, para assombro dela: "Não, minha senhora; eu quero é rã." No Gero, um senhor, que desfrutava de uma garrafa de Château Lafite, ao vê-lo devorar um capellini com trufas brancas, levantou-se e o cumprimentou, enfatizando o desapontamento com os seus próprios rebentos. "Parabéns, garoto. Você sabe comer. Não é como aqueles dois patetas que eu tenho em casa, que só querem saber de carne com batata frita." Certa vez, Adriana Calcanhotto e Susana de Moraes quiseram comemorar o Dia dos Namorados no Gero, e me instaram a fazer a reserva para um grupo de amigos, inclusive nós. Antes de tomar providência, avisei ao Joe que íamos jantar com elas, que sempre foram "fãs" dele. Susana presenteara-o com o livro *Moby Dick*, de Herman Melville, e Adriana Partimpim ocupara parte substantiva da trilha sonora do seu Bar Mitzvah, cuja versão dela do hit "Fico Assim Sem Você" ele tributou à nossa relação. Liguei para o Gero, e fracassei, pois não havia mais lugar e éramos uma turma grande, impossível de ser acomodada. Dei a notícia a Adriana sobre a tentativa frustrada. E também dei ciência ao Joe, que, imediatamente, observou: "Você não disse que a reserva era para mim?". De fato, cometi um tremendo erro, solicitando a mesa em nome das minhas amigas Adriana Calcanhotto e Susana de Moraes.

Esbarro com Daise Novakoski, e ela me diz que recomendara o nome do Joe para a *Vejinha*, que pretendia fazer uma matéria com *petits gourmets*. Alguém da revista – não me lembro quem – sondou-me sobre a possibilidade de uma entrevista com ele. Argumentei que o Joe não passava de um guri – tímido como o pai –, e que eu não poderia forçá-lo a fazer qualquer coisa que ele não quisesse. Se ele se dispusesse a falar, tirar fotos etc., tudo bem. Se não, paciência. Posteriormente, comunicaram-me que a matéria se desvalidara, porque os restaurantes só indicavam ele, parecendo não haver outras crianças equivalentes para justificá-la. Na ocasião, a moda dos minichefs ainda não prosperara.

Quando Joe fez 10 anos, achamos que chegara o momento de um upgrade, e o levamos para perscrutar bons recintos em Paris e em Nova York. Na capital francesa, gravata e blazer incorporaram-se à vestimenta do menino, para atender às exigências de *dress code* do Alain Ducasse au Plaza Athénée, onde se fartou com homard (tipo de lagosta), pombo e babá ao rum. No Atelier de Joël Robuchon, encarou o menu degustação, deliciando-se com sardinha, lagostim, foie gras, ris de veau e codorna. No Pierre Gagnaire, vieira e pato compuseram o repasto do infante, convidado pelo chef para conhecer a cozinha, deferência não estendida aos seus pais. Na metrópole americana, a expedição ambicionava pô-lo em contato com novas raízes gastronômicas. No chinês Shun Lee Palace, enquanto os seus progenitores priorizaram o tradicional e correto Pato Pequim, ele selecionou um pato com laranja que deu de sete a um no nosso prato. Em geral, pedia algo diferente de nós – e quase sempre melhor –, pois, assim, explorava mais sabores. No italiano Babbo, conferiu as virtudes de um genuíno espaguete à carbonara. No congênere Il Mulino, as costeletas de cordeiro capturaram os seus pensamentos por meses. No Nobu, peixes e especiarias incomuns o sintonizaram com a potencialidade da culinária japonesa. No Peter Luger e no Sparks, as carnes, pela qualidade, soaram-lhe inéditas. E, no último dia da viagem, para encerrar a jornada, fomos lamber ovas de beluga e sevruga no Caviar Russe.

Muitas das minhas aventuras gastronômicas foram feitas somente com o Joe. Neste livro, ele é o companheiro das crônicas sobre a culinária peruana, em peregrinação por Lima, dos périplos por São Paulo e a esplendorosa experiência que vivenciamos no Lasai. Voltamos outras vezes a Paris e a Nova York, onde também jogávamos xadrez no Washington Square Park. Manjamos em outras partes do mundo. Suas observações sobre o assunto são sempre pertinentes e consideradas por mim, pois tem uma sensibilidade no paladar impressionante. No Nobu, por exemplo, ele me descrevia as ervas que perfumavam os sashimis. Na Lasai, chamou-me a atenção para a invulgar mistura de bok choy, banana-ouro e creme de leite. E Joe afiança que ainda é no centenário Peter Luger onde se come a melhor carne do planeta. Seu interesse por comida permanece imenso. Recentemente, me incitou a provar gafanhoto no Ten Kai.

O menino que comia foie gras cresceu e já concluiu a universidade. Hoje, com 22 anos – trabalhando desde os 19 –, ainda come foie gras, contudo não pasma, por não ser mais criança. Para mim, ele é a razão de tudo e a maior expressão de amor da minha vida. Na realidade, mimetizo-o; Joe Levinson é o verdadeiro Pedro Henriques.

Janeiro/2018